沙孟海·李可染·黄宾虹

名家

卢　炘｜杨振宇
主编

中国美术学院艺术人文学院
中国书画名家馆联会
编

上海书画出版社

2021

写在前面的话

范景中

　　《名家》是研究近代美术史的专题读本。然而要在这一领域做出成绩，殊为不易。因此不敢涉足。粗略想来，原因有三。

　　首先是陈援庵先生告诫的："今日宜造成为学问而学问，养成研究学问之风气。"又说："近代史太难作，史料散漫不集中，难作。"[1]先生大概是提醒我们，资料少了不易对付，资料多了其实更不易对付。因为它们散落各处，罕能周全，难以统摄贯穿。要在繁杂的文献中有以独举，就不得不运用奥卡姆剃刀 [Occam's Razor]，所谓的 *Frustra fit per plura quod potest fieri per pauciora*[以简御繁]，所谓的 *Entia non sunt multiplicanda praeter necessitatem*[避虚就实]，道理好像很简单，但施行起来，极不容易。此其一。

　　其次是陈寅恪先生的了解之同情："所谓真了解者，必神游冥想，与立说之古人，处于同一境界，而对于其持论所以不得不如是之苦心孤诣，表一种之同情，始能批评其学说之是非得失，而无隔阂肤廓之论。"[2]套用《文史通义》论文德的话："论古必恕，非宽容之谓……恕非宽容之谓者，能为古人设身而处地也。"[3]当代学者，大都生活于承平盛世，而所研究的近现代则是风云变幻的大时代，离我们虽近，但却情势迥殊。即当时之人，亦未必能得真解，何况我们未睹蒙尘积道，未膺狼烟哀乱，笔下难有沧桑波澜，故同情之了解不易做到，同情之了解的理想境界更不容易达到。并且同情也不是移情，而是去建立一个合理的历史情境。此其二。

　　最后，我想引用内梅罗夫 [Howard Nemerov] 的诗 *To Clio, Muse of History* 的最后几句：

But tell us no more

Enchantments, Clio. History has given

And taken away; murders become memories,

And memories become the beautiful obligations:

As with a dream interpreted by one still sleeping,

The interpretation is only the next room of the dream.[4]

当事者的个体记忆必定会消失，被历史女神索回；而由他人建构和阐释的记忆，则能够变成 beautiful obligation；某种程度上，研究近现代艺术比研究古代艺术更容易编造美丽的枷锁。而抵挡这种"美丽"的诱惑，是研究者的责任，也是良心。此其三。

美术史是文科中最难产生杰作的领域，以其最难研究之故。而近现代美术尤为其难，既容易看朱成碧，又容易制造"美丽的"枷锁，更何况当代学风浇漓浮动，诪张繁兴。陈寅恪先生尝概括王静安先生的治学方法为：一曰取地下之实物与纸上之遗文互相释证，二曰取异族之故书与吾国之旧籍互相补证，三曰取外来之观念与固有之材料互相参证。[5]静安先生研究的是古史，我认为研究近现代美术史，"范围纵广，途径纵多，恐亦无以远出三类之外"。研究吴湖帆、黄宾虹需懂古代艺术；研究徐悲鸿、潘天寿需知外来观点；研究苏曼殊、弘一，需通异族典籍。顺手举几例，即可知研究近现代美术史之难也。今《名家》知难而上，兼容并蓄，旨在发扬近现代美术的研学风气，令人格外期待。稍述感悟，以作小引。

1　陈垣：《史源学实习及清代史学考证法》，北京：商务印书馆，2014 年，第 9 页，第 104 页。

2　陈寅恪著，陈美延编：《金明馆丛稿二编》，北京：生活·读书·新知三联书店，2001 年，第 279 页。

3　章学诚：《文史通义》，叶瑛校注本，北京：中华书局，2014 年，第 259 页。

4　*The Collected Poems of Howard Nemerov*, Chicago, 1979, p.237.

5　陈寅恪著，陈美延编：《金明馆丛稿二编》，北京：生活·读书·新知三联书店，2001 年，第 279 页。

寄 语

卢 炘

万物皆有因缘，出版本书亦有缘由。中国书画名家馆联会与中国美术学院艺术人文学院、上海书画出版社三家开启战略性合作，推出此本《名家》，定位于中国近现代书画名家研究，其名家作品之认定、学术研究水准之保障，选题编辑装潢之精良，共同努力毋容置疑。从高等美术学府、博物馆殿堂、首席美术出版社层面思考，面向美术爱好者，推介最优秀之名家大师，展示最新研究成果，播布美术，力行美育，开辟新境，任重道远。

书画艺术传统久远，古代经典灿烂无比，经近现代名家之传承创新而辉煌再现。从现代审美教育而言也变得更为直接，且势必冲破院校围墙，润泽全社会，而拍卖市场近现代名家佳作每每争抢，业绩翘楚已成不争之事实，亦为佐证。

我国众多名家馆于二十世纪八十年代大量涌现，书画名家馆联会诞生已越二十余载。名家馆联会和各名家馆办展、著书，仅出版即已超百种名家图书，包括画集、书法集、印鉴、年鉴、传记、论文集、谈艺录、诗集、文集、文献集、全集等等。此类个案研究，弘扬民族优秀文化艺术，亦为美术史研究不断提供有力之支持。

《名家》之诞生，则开辟出另一个崭新的平台，让大众面对名家大师之艺术及人生，得以与专家学者交流互动。此平台遂以学术为支撑，以读者为上帝，力求以简练、准确、趣味之文字，精彩、高清之作品图像和最新研究发现和研究成果，靠自身之完美与不断改进，奉献给读者一份全新的读物，期待美术爱好者的青睐和市场的认可；从而达到宣传名家、弘扬传统、美育大众、和谐社会，共创有品质的美好生活！

让我们共同期盼新生幼苗茁壮成长，来日成为一棵枝叶繁茂的参天大树！

目 录

沙孟海《中国古器物学》讲稿
浙江省博物馆藏

人物

国宝守护者沙孟海
与《富春山居图（剩山图）》
的回家之路

周永良

1956 年，沙孟海任浙江省文物管理委员会常委兼调查组组长，同时兼任浙江省博物馆陈列部主任。该年 7 月 12 日，沙孟海起草了一份《为争取收购宋元字画三件，拟请人委特拨三万元，以充实浙江博物馆陈列》的报告。

元　黄公望《富春山居图（剩山图）》（局部）
浙江省博物馆藏

元 黄公望《富春山居图（剩山图）》
浙江省博物馆藏

　　黄公望《富春山居图》为中国十大传世名画之一，此图描绘富春江两岸景色，峰峦逶迤，林麓幽秀，清江如镜。年近八旬的黄公望历时数载苦心经营，始告完成，"山川浑厚，草木华滋"，被誉为"右军之《兰亭》"。然此图自问世以来，数百年几易其主，辗转沉浮，至明末竟有火殉之厄，遂断为两截，后段长卷为乾隆帝收入宫中，而卷首一段《剩山图》，二百年余来辗转民间秘藏不知下落。1938年冬《剩山图》又神秘现世，终为近代大鉴藏家吴湖帆所得，奉为至宝。

　　宋元以来浙江书画名家辈出，流风不绝。但在建国初期浙江省博物馆几乎没有书画收藏，这与作为书画重镇浙江的地位极不相称。为丰富浙江省博物馆书画收藏，除了有爱国之心的广大藏家的捐献，必须加大力度征购，当时浙江省博物馆陈列藏品由浙江省文物管理委员会负责征集。1956年，沙孟海任浙江省文物管理委员会常委兼调查组组长，同时兼任浙江省博物馆陈列部主任。该年7月12日，沙孟海起草了一份《为争取收购宋元字画三件，拟请人委特拨三万元，以充实浙江博物馆陈列》的报告，主送沙省长、黄源部长。报告中写道：

　　（理由）一、杭州为国际友人必到的三大

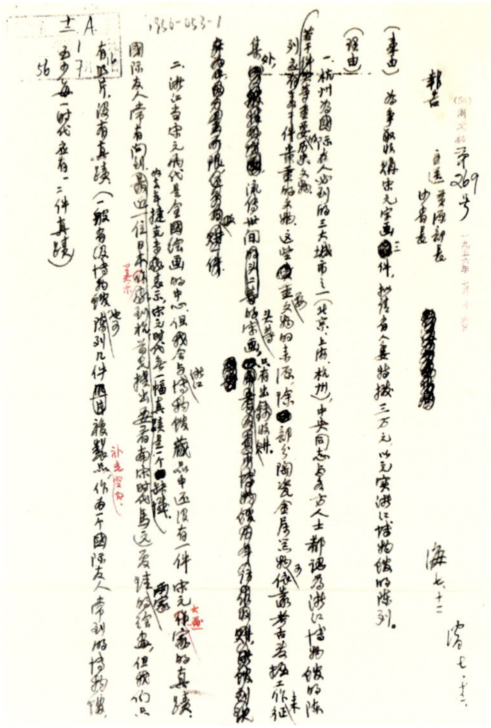

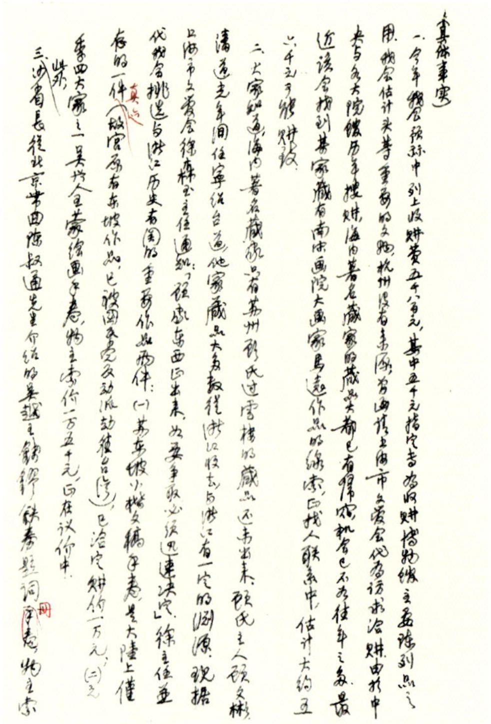

手稿

城市之一（北京、上海、杭州），中央同志与各方人士都认为浙江博物馆的陈列应有若干件头等重要的历史文物，这些重要文物的来源，除部分陶瓷金属器物可依靠考古发掘工作来征集外，流传世间的头等字画，只有出钱收购。二、浙江在宋元两代是全国绘画的中心，但我会与浙江博物馆藏品中还没有一件宋元作（大画）家的真迹，国际友人常有问到，如去年捷克专家表示，宋元时代无一幅真迹是一个缺憾。最近一位日本作（美术）家到杭，首先提出要看南宋时代马远、夏圭两家的绘画，但我们只有照片，没有真迹［一般省级博物馆也可陈列复制品（补充空白），作为一个国际友人常到的博物馆，至少每一时代应有一二件真迹］。

（具体事实）

一、今年我会预算中列上收购费五千八百元，其中五千元指定专为收购博物馆主要陈列品之用，我会估计头等重要的文物，杭州没有来源，曾函请上海市文管会代为访求洽购，由于中央与各大院馆历年搜购，海内著名藏家的藏品大都已有归宿，机会已不如往年之多，最近该会找到某家藏有南宋画院大画家马远作品的线索，正找人联系中，估计大约五六千元可能购致。

二、大家知道，海内著名藏家只有苏州顾氏过云楼的藏品还未出来，顾氏主人顾文彬清道光年间任宁绍台道，他家藏品大多数从浙江收去，与浙江有一定的渊源，现据上海市文管会徐森玉主任通知："顾家东西正出来，如要争取，必须迅速决定。"徐主任并代我会挑选与浙江历史有关的重要作品两件：

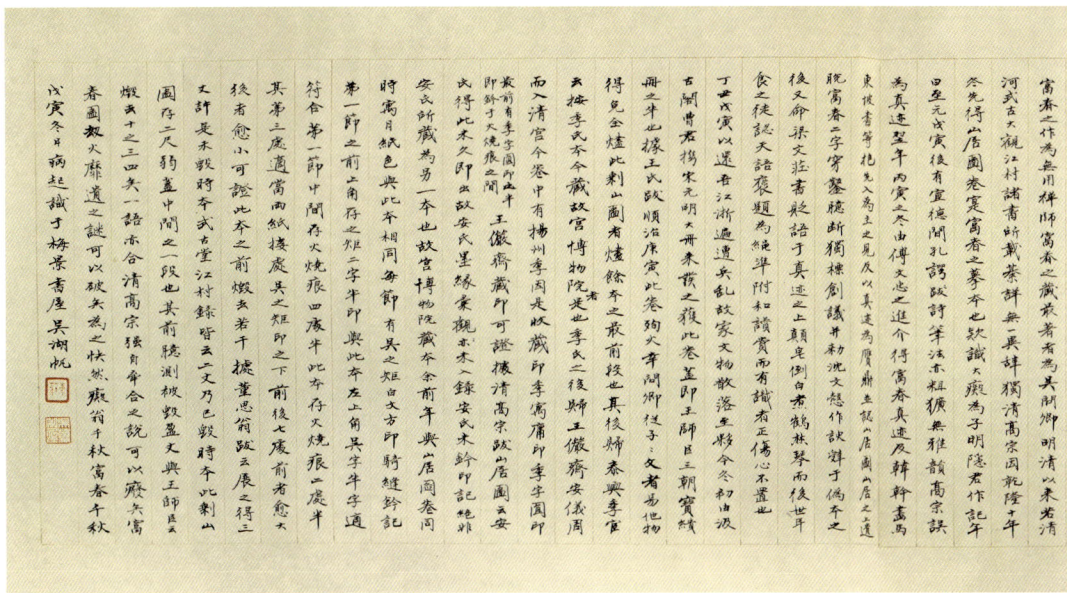

《富春山居图（剩山图）》后吴湖帆跋
浙江省博物馆藏

（一）苏东坡小楷文稿手卷，是大陆上仅存的一件（真迹），（故宫原有东坡作品，已被国民党反动派劫往台湾），已洽定购价一万元；（二）元四大家之一吴兴人王蒙绘画手卷，物主索价一万五千元，正在议价中。

……

（我会意见）

一、上列各件都是有关浙江历史数一数二重要文物，马远可以代表宋代绘画，王蒙可以代表元代绘画，必须争取。苏东坡是国际著名人物，对杭州有很大历史关系，虽非浙江人，亦应考虑（有）收购（的必要）。……我省博物馆历史部门与江苏博物馆同样基础浅薄，此次有宋元大家作品出现，是一个难得的机会，拟请特准拨发三万元，及时收购。……[1]

报告坦言了当年浙江省博物馆书画收藏一穷二白的局面，浙江作为宋元以来全国绘画的中心，而今一个全省之首的省级博物馆居然只有照片，没有一件宋元大家的真迹，无论如何都说不过去。这份报告引起省政府和省文化局的高度重视并得到大力支持，旋即在8月10日得到浙江省人民委员会的拨款批复：

同意拨款二万元给文管会，以购买与浙江关系很深的历史文物（苏东坡小楷文稿手卷可不买），充实浙江博物馆。[2]

须知在建国初期国家经济十分困难的情况下，核拨巨款收购书画是一件十分不容易的事，这体现了当时省委和省政府领导的远见卓识。

1956年11月初，沙孟海前往山东、北京、辽宁等博物馆考察，途经上海，又面托上海文管会协助收购宋元书画。约12月上旬归途经过上海，经上海文管会辗转联系钱镜塘先生，从吴湖帆处觅得元代黄公望《富春山居图》及王蒙的《松窗读易图》两件书画，并初步谈妥转让价格，由沙孟海直接将画从上海带回浙江省文管会，经浙江省文管会收购会议讨论研究，认为需要争取购进。事来突然，机会难得，时间紧张，稍一迟缓便有可能为

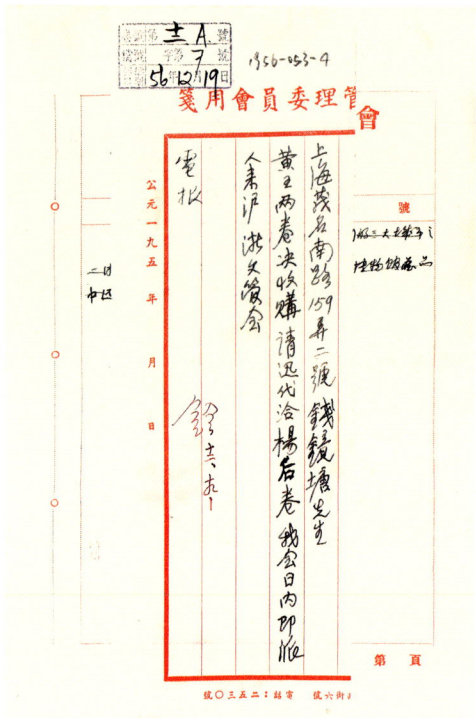

郦承铨签署，发给钱镜塘的手稿

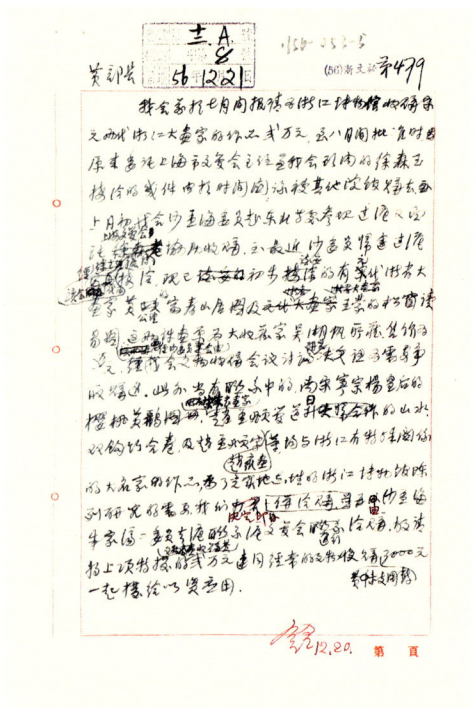

浙江省文管会起草报请黄源部长的手稿

其他院馆购去，必须抓住这个难得机会。省文管会一面联系中间人，一面紧急向上级领导汇报，沙孟海立即起草了一份电报稿，12月19日经浙江省文管会副主任郦承铨签署发给钱镜塘先生：

上海茂名南路159弄二号钱镜塘先生。黄、王两卷决收购，请迅代洽杨后卷，我会日内即派人来沪。浙文管会。[3]

12月20日，浙江省文管会又紧急起草了一份报请省委宣传部副部长、文化局局长黄源，要求拨给收购经费以资应用的报告：

我会前于七月间报请为浙江博物馆收购宋元两代浙江大画家的作品二万元，至八月间批准时，因原来委托上海市文管会主任兼我会顾问的徐森玉接洽的几件由于时间关系，被其他院馆购去。上月初，我会沙孟海委员赴东北等处参观过沪又面托上海文管会，经该会代为辗转接洽，现已初步谈妥的有元代浙省大画家黄公望的《富春山居图》及王蒙的《松窗读易图》，这两件画原为大收藏家吴湖帆所藏，售价为一万元。画经沙委员带回由我会文物收购会议讨论研究，认为需要争取购进。此外，尚有联系中的南宋宁宗杨皇后的《樱桃黄鹂图册》、宋末书画家赵孟頫、管道升的《山水双勾竹合卷》，及赵孟頫字（应为"子"）赵雍画等均与浙江有特殊关系的大名家作品。为了充实地区性的浙江博物馆陈列研究的需要，我们决定即日再由沙孟海、朱家济二委员去沪联系沪文管会进行洽购，故请将上项特拨的文物收购费贰万元连同经常的文物收购费未支用数 3000 元一起拨给，以资应用。[4]

为积极争取购进，当日又起草了一份补充材料，再次陈述购进理由，经沙孟海补充修改，次日经郦承铨签署补报黄部长：

这几件绘画都是国内有数的珍品，例如黄公望的作品在南方已无第二件，如不及时收购，以后即无机会。浙江博物馆陈列的绘画宋元两代完全空白，外国专家来杭参观对此常有意见。我们在七月间报请人委特拨收购专款，就是这个原因。杭州为国际友人必到的三大城市之一（北京、上海、杭州），充实浙江博物馆的藏品，不仅是一省的事，而是发扬祖国历史文化要着之一。现在既有这个难得的机会，务请照顾到征集历史文化的特殊情况转商财政厅同意照拨。[5]

从以上这些档案中可见，为收购黄公望《富春山居图》等宋元重要书画，沙孟海先生往返上海，来回奔波，不辞辛劳，更让他焦急的是收购经费的到账问题，故在补报黄部长的报告中特作补充修改，说明收购黄公望《富春山居图》的重要性。

经沙孟海、钱镜塘先生努力，省文管会诸委员集体研究和讨论，取得一致意见，并由副主任郦承铨做出决定，在省委省政府和财政厅以及上级文化局局长黄源的大力支持

沙孟海

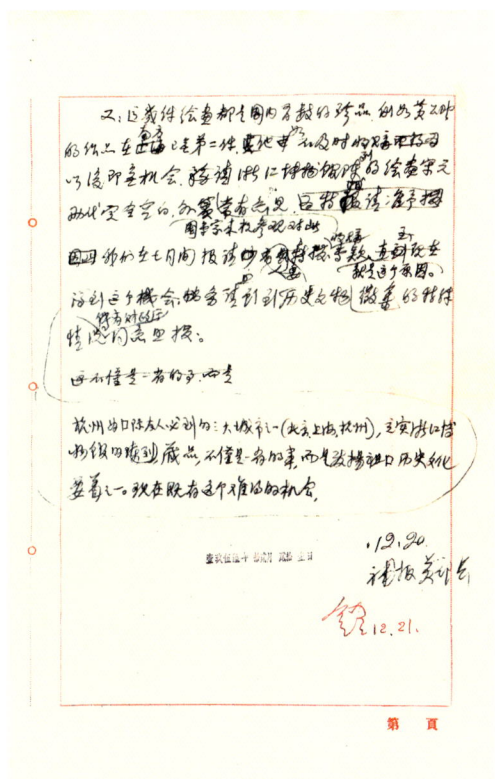

郦承铨签署补报黄源部长的手稿

宾虹先生论近代画推垚迟庵石查三家谓

有金石家那寿署常染翰者比普辈居杭海

写作猶勤积累盈箧此其吉光片羽墨

气弥满不可逼视趋胡而升拟戗自成一隊

笔翔贝得之珍同拱壁以余稽藏宾

之富题其常即节论正

一九四四冬日沙孟海

沙孟海《行书黄宾虹山水图诗堂》
私人藏

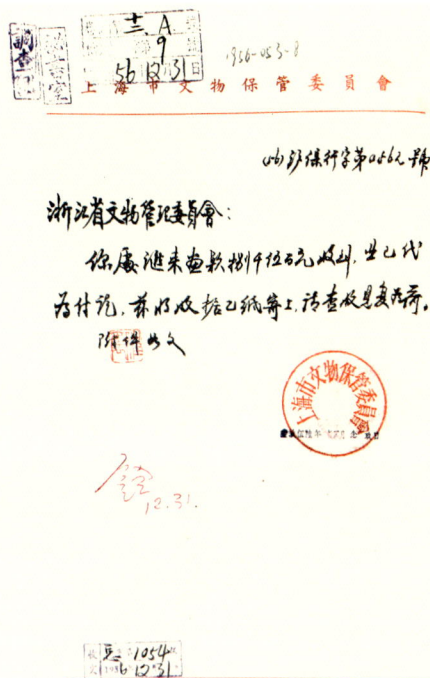

上海市文物保管委员会回函

下，这项重大收购工作最终在年底得以圆满完成，收购工作紧张而又令人激动。原商定的收购画款一万元，出让方也做了让步。12月29日浙江省文管会即汇画款于上海文管会，31日浙江省文管会收到上海文管会回函和收据：

你处汇来画款八千五百元收到，业已代为付讫。兹将收据乙纸寄上，请查收见复为荷。附件如文。（56）沪保行字第0562号。[6]

六十余年来，这件黄公望《富春山居图（剩山图）》，成为浙江省博物馆"镇馆之宝"之一。2011年文化界影响最重大的事件莫过

于分藏海峡两岸的黄公望《富春山居图》，这件身世离奇的旷世名迹，在分离360年后首次实现了山水合璧，承载了两岸人民美好的心愿和深意。当年吴湖帆获得这件墨宝，珍爱有加，重新精心装裱并作长跋考释，遍请沈尹默、王同愈、叶恭绰、张珩等名家题跋，在画前隔水自题："画苑墨皇，大痴第一神品富春山图。"1951年春又赋《锦缠道》词一阕，书于跋尾，感叹"剩山缘分，惟我天相许"。此图历经六百年沧桑，剩山一角，今又幸得重回故里，也是我省浙江天相许的缘分。

1 （56）浙文秘字第269号，浙江省文物局存档案，案卷号1956年053号。个别文字经文管会秘书朱寿潜修改（蓝笔），另有朱笔修改，当为副主任郦承铨。

2 （56）浙文办字第3474号。浙江省文物局存档案，案卷号1956年053号。

3 （56）浙文秘第479号。浙江省文物局存档案，案卷号1956年053号。

4 （56）浙文秘第479号。浙江省文物局存档案，案卷号1956年053号。根据笔迹，此报告全文当为文管会秘书朱寿潜起草，蓝笔划去"徐森老"，修改为"上海文管会，经该会代为辗转"书字者当是沙孟海，朱笔划去"派"改为"由"，划去"打算"改为"决定即日"书字者当是副主任郦承铨，并签署"铨"。

5 浙江省文物局存档案，案卷号1956年053号。

6 浙江省文物局存档案，案卷号1956年053号。

书法家沙孟海
与《王国维先生墓碑记》往事

陈　磊

历史学家、古文字学家戴家祥先生曾致函沙孟海先生为其业师王国维先生之墓题写碑记，本文重新爬梳过往与此相关的史料，讲述沙孟海先生题写《王国维先生墓碑记》始末，让这段平时被忽略的、缺席的和边缘的往事重新涌到读者面前，以示纪念之意。

王国维先生墓碑记（油印件）
浙江省博物馆藏

甘肃新疆之漢代蘭牘敦煌千佛洞之六朝唐人寫本古書新疆境内兄弟民族之古代遺文實世所罕有而碑沃墓誌商周彝器因殷山鐵路之興零星暴露於山崖水隈者幾無歲無之其於學術價值難合全世界學者之智慧尚未聞藉及丰上虞羅王不忍聽其淳滅然以整理新舊現之史料為己任匠心獨運創獲良多一九二一年棄其所釋卜辭金文聲韵訓詁名物及考訂史地之作並詩文若干篇為觀堂集林廿四卷一九二五年受聘為清華大學研究院教授嘗謂吾輩生於今日幸得地下之新材料輔助紙上之舊材料以證明古書之集部分全為實録即清華大學辦究院之言惜龔瑟人魏默深前修啟迪後學詎知一九二七年六月二日竟自投頤和園魚藻軒前之昆明湖以終年僅五十推人待言惜冀瑟人魏默深深之言情浮於理不足服人耳毅思以海外學者研究之成果治遼金元三史以治經史之法治四裔地理康幾斡盤迪後學詎知云萋志業未竟鳴呼哀哉我八月十四日卜葬於清華園東二里西柳村七間房之原遵遺命也先生娶莫氏生子潛明自明繼室潘氏生子紀明蕙明登明松明通明皆頭角蔪然泼濟美一九二八年羅先生東遼六年門人渡事采輯編為王靜安先生遺書四集越六年都四十三種一百零四卷而水經注校遠余乘梁高亨何士驥黃濬伯趙邦彥姜寅清朱芳圃藏家祥等而先生治學之規矩法度足以垂範後學者固無而不注尚未竟稿者不與為清華大學一二屆術究生共五十餘人受先生專業指導者有趙萬里楊筠如徐中舒劉盼遂等而先生治學之規矩法度足以垂範後學者固無而不在此一九六零年一月清華大學遂畢業其柩於福田公墓一九八五年八月樹碑誌之俾國内外學者有所仰止為

受業永嘉戴家祥拜撰

後學鄞縣少孟海敬書

"碧血丹心：纪念沙孟海诞辰 120 周年书法
篆刻艺术大展暨学术文献展"开幕式现场

沙孟海各种画册、文献、档案

庚子岁末，一场堪为自 1993 年北京沙孟海书法篆刻艺术展以来具有新的里程碑式意义的纪念盛会——"碧血丹心：纪念沙孟海诞辰 120 周年书法篆刻艺术大展暨学术文献展"正式在中国美术馆拉开帷幕，规模宏大、盛况空前。有关沙翁的各种画册、文献、档案渐次成为炙手可热的读物。作为众多工作人员中的一分子，笔者有幸全程参与了这场备受瞩目的展览的筹备工作。在拟定展品的过程中，一幅幅满载历史记忆的书迹被徐徐展开，或因笔者曾于旧文《书信里的民国文人朋友圈轶事——品读沙孟海书学院藏名人手札》(见 2020 年《名家：吴昌硕·黄宾虹·陆维钊》) 中略谈过历史学家、古文字学家戴家祥[1] 先生曾致函沙孟老为其业师王国维先生之墓题写碑记之事，在得见《王国维先生墓碑记 (油印件)》这一旷世之作时感念良深，怀旧的心理亦随之在悄悄积聚。本文重新爬梳过往与此相关的史料，讲述沙孟海先生题写《王国维先生墓碑记》始末，让这段平时被忽略的、缺席的和边缘的往事重新涌到读者面前，以示纪念之意。

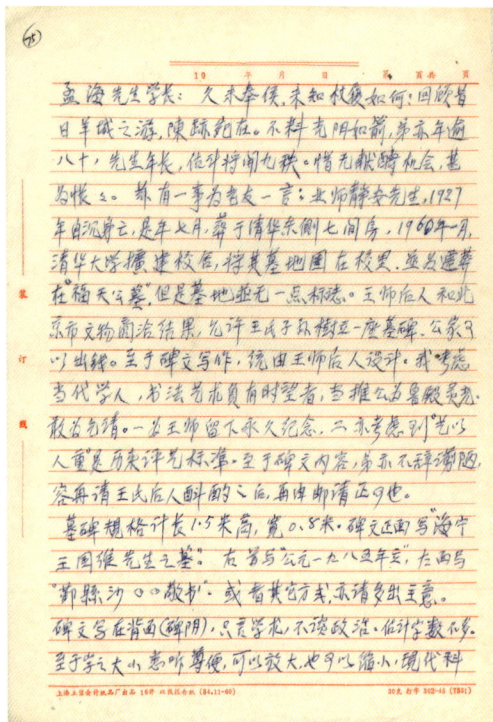

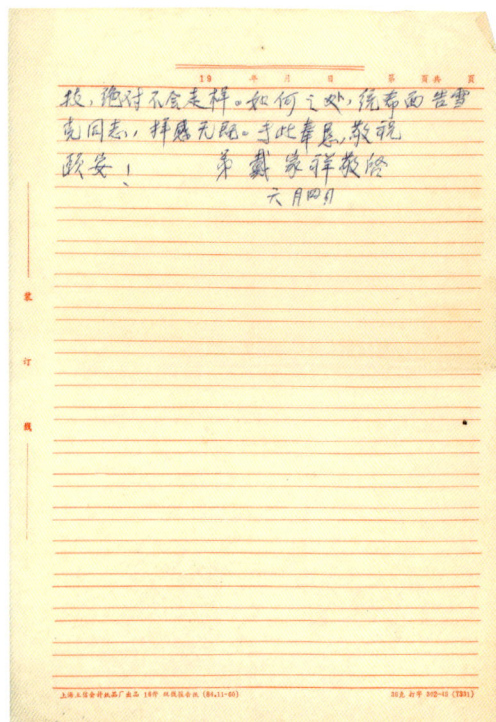

戴家祥致沙孟海书
沙孟海书学院藏

一

　　先谈谈戴君家祥先生与沙孟海先生的交游关系，依然从沙孟海书学院馆藏的《戴家祥致沙孟海书》说起。幼和先生开篇曰："久未奉候，未知杖履如何？回顾昔日羊城之游，陈迹宛在。不料光阴如箭，弟亦年逾八十，先生年长，估计将开九秩。惜无献畴机会，甚为怅怅。"由此可知，幼和先生和孟海先生昔日在广州曾有过一段交谊。1929年至1930年期间，沙孟海先生曾南下广州出任国立中山大学预科教授，莫非戴氏函中所言"羊城之游"或缘于此？幼和先生晚年撰有《戴家祥：我的自传》一文，详细记述了自己的生平行迹。据文中所载："王老师去世后一年，梁任公先生也身故了。我想出国留学没有成功，要在中央研究院历史语言研究所找个工作，却被推荐到中山大学当副教授。"[2]由梁任公逝世于1929年1月19日推测，戴家祥先生竟和沙孟海先生几乎曾在同一时间段执教于国立中山大学。此外，笔者遍阅《兰沙馆日录》后发现，戴、沙二公竟曾共事于同一课目组，与当时亦有卓越之才的学界翘楚，如容肇祖、伍叔傥、黄嵩年、闻宥、李翘、段凌辰等等，同为国立中山大学预科国文组课目之教员也。兹摘录1929年10月1日和10月2日两则日记，如下所列：

　　叔傥今日到，晚与野鹤同过看之，坐客甚多，有李孟楚、戴幼和、段凌辰与叔傥同来，皆新同事也。[3]

沙孟海先生像，摄于 1929 年

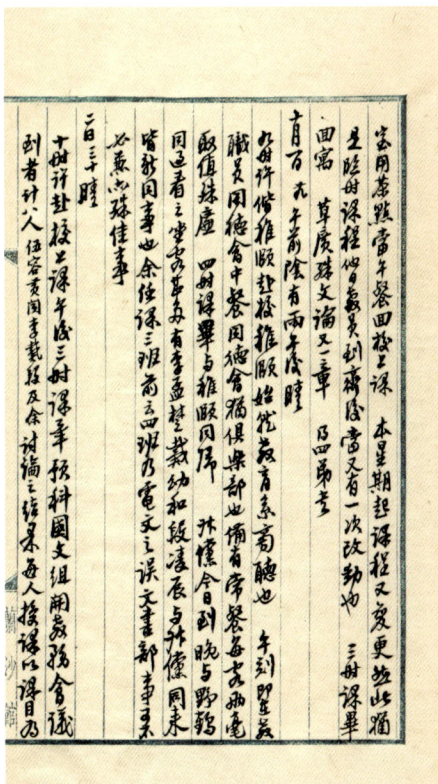

沙孟海《兰沙馆日录》，1929 年
私人藏

预科国文组开教务会议，到者计八人。伍、容、黄、闻、李、戴、段及余。[4]

国立中山大学前身为国立广东大学，由孙中山先生于 1924 年亲手创立，迄今已有近百年的历史。1926 年先生逝世后，学校为纪念孙中山先生更名为国立中山大学。短短几年内，名家大师荟萃，饮誉海内。此时，戴家祥先生和沙孟海先生皆因醉心于古文字学和古典文学研究，文采风流，辉映一时，成为了并案而坐的同事。在羊城的一年间，他们不仅以各自精湛的学术造诣熏陶着莘莘学子，亦由于性趣相契，授课之余尝探讨治学，唱和赠答，以学问文章互勉，建立了深厚的情谊。遗憾的是，1930 年至 1931 年间，二公先后辞职北归，离开了中大。就笔者浅陋目光之所及，此后数十年间，两位先生声名日渐隆盛，却彼此天各一方，除偶有书信往来外，鲜有"献畴机会"，令人扼腕。戴幼和先生与沙孟海先生的相识、共事虽未逾一年，然戴公及至耄耋之年仍对沙孟老的艺术学术造诣感到由衷的钦佩，诚如其在《戴家祥致沙孟海书》中所言："当代学人，书法艺术负有时望者，当推公为鲁殿灵光。"

二

1927 年 6 月 2 日，一个沉思的身影带着几分破釜沉舟的决绝转瞬消失于昆明湖中，默然离去，令全国上下一片哗然，此人便是 20 世纪驰誉中外的国学大师王国维先生。王国维，初名国桢，字静安，亦字伯隅，初号礼堂，晚号观堂，又号永观，谥忠悫，浙江海宁人。先生学贯中西，著述宏富，于文学、哲学、训诂学、教育学、考古学、史学、古文字学、经学等诸多领域无不通达，是中国近现代史

沙孟海《中国古器物学讲稿》
浙江省博物馆藏

上一位继往开来的文化巨匠，对中国近现代学术的开创和发展有筚路蓝缕之功。沙孟海先生虽未能亲聆雅教，但对静安先生的治学颇为敬仰，称其"博涉群书"[5]，治古文字学、古器物学、古史学无不"实事求是，左右逢源，体大思精，成就甚卓"[6]，尤其是对王氏在甲骨学上的贡献赞誉有加，认为"近世言甲骨者，必属罗王"[7]。新中国成立后，沙孟海先生担任浙江大学中国文学系教授，讲授中国文学系及人类学系的古典文学、金石学、古器物学课程，在他的一份长达十六万言的授课讲义——《中国古器物学讲稿》里，客观、充实、有序地引录了诸多静安先生关于甲骨学的重要研究著述，如《观堂集林》《古史新证》等等，将其作为自身在古器物学、考古学、金石学领域必备的阅读材料和知识储备。沙孟海先生对散见于《观堂集林》中的三篇著述尤为叹服，曾曰："《殷卜辞中所见先公先王考》《续考》及《殷周制度论》三篇，实为其代表作，亦即王氏平生之惊人杰作。"[8] 他甚至认为，《殷周制度论》"议论至伟"[9]，《殷卜辞中所见先公先王考》和《续考》"大体可悬诸日月者也"[10]。笔者曾致电浙江省博物馆研究员问询，得知在 1996 年沙氏后人捐献给省博的凡千余册沙老藏书里，《观堂集林》《古史新证》及《王国维学术论文辑》等王氏著述均列其中。沙孟老之于王国维先生学术研究成果之关注与仰慕，可以概见也。

1926 年秋，戴家祥先生投身清华大学国学研究院，认"王国维先生为指导老师，专业方向为'金文甲骨之研究'"[11]，成为了王国维先生的入室弟子。师从静安先生之后，

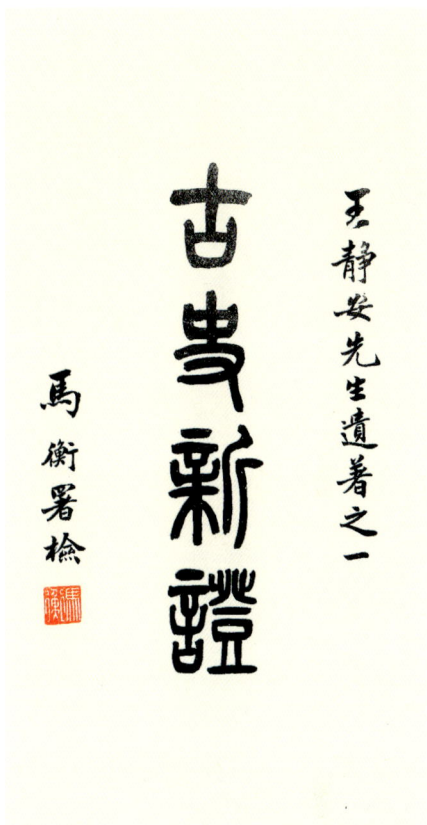

王国维《古史新证》，1935 年

王氏对幼和先生循循善诱，悉心教诲，情同父子。然而世事难料，谁也不曾想到当幼和先生初登青山心怀鸿鹄之志时，却已离王氏蹈水不足一年矣。追随业师虽一年未逾，然师恩似海，即便历经了数十载的颠沛流离、浪迹四海之后，戴幼和先生心中亦未曾忘记自己师承的是一生钟情金文甲骨的王静安先生，集几十年之功，编成了一部可以流芳千古的金文典籍——《金文大字典》，不负王氏所愿。

王氏既殁，是年七月被安葬于清华大学校内东侧七间房。越二年，清华同人立《海

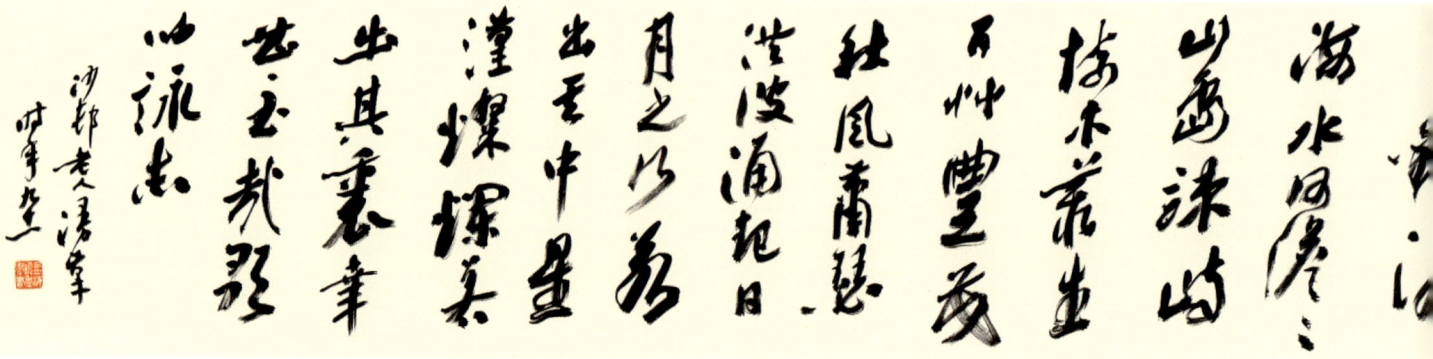

宁王国维先生纪念碑》于校园内，以示哀思不忘。此碑由陈寅恪撰文，林志钧书丹，马衡篆额，梁思成拟式，李桂藻刻石，刘南策监工，堪为六美具焉。

三

既已立碑，何以再有沙孟老为王国维先生之墓题写碑记之事？其中缘由，笔者于《书信里的民国文人朋友圈轶事——品读沙孟海书学院藏名人手札》一文中已有说明。为叙事齐整，在此补充。原因有二：其一，纪念碑与墓碑性质不同，全然二物；其二，王氏墓地无墓碑，以致并无一点标志。《戴家祥致沙孟海书》曰："1960 年 1 月，清华大学扩建校舍，将其墓地圈在校里，并为迁葬在'福天公墓'，但是墓地并无一点标志。王师后人和北京市文物局商洽结果，允许王氏子孙树立一座墓碑，公家可以出钱。"由此可知，王国维先生沉湖后归骨清华，本该长眠于此，然学校为扩建校舍，于 1960 年 1 月"将其墓地圈在校里"，王氏之灵被迫迁至京西福田公

墓。历史学家邓之诚于 1959 年 12 月 17 日所记的一则日记曾记录此事：

午睡起，王仲闻惠然而来，可谓佳客。言其尊人静庵先生墓须改葬，伐树可得千余金，足敷封树之费，久坐而去。[12]

王仲闻，名高明，以字行，系王国维先生次子也。据幼和先生所言，迁灵之后王氏"墓地并无一点标志"。令人费解的是，若真如邓氏所言，"伐树可得千余金，足敷封树之费"，王氏后人何不在迁墓之时就及时为其竖立墓碑？于情于理说不过去。抑或并无此笔"动迁费"也未可知？实则不然，"动迁费"一说，确有其事。王国维先生曾孙、复旦大学图书馆古籍部副研究员王亮先生在得见邓氏此则日记后也曾询问其父，他在《能销今古闲哀乐——曾祖王国维先生庐墓记》一文中写道：

墓地松柏历数十年均已成材，这笔"动迁费"可谓相当优渥。笔者曾执日记此则以询家父王庆山，父亲告以当时观堂子女在京

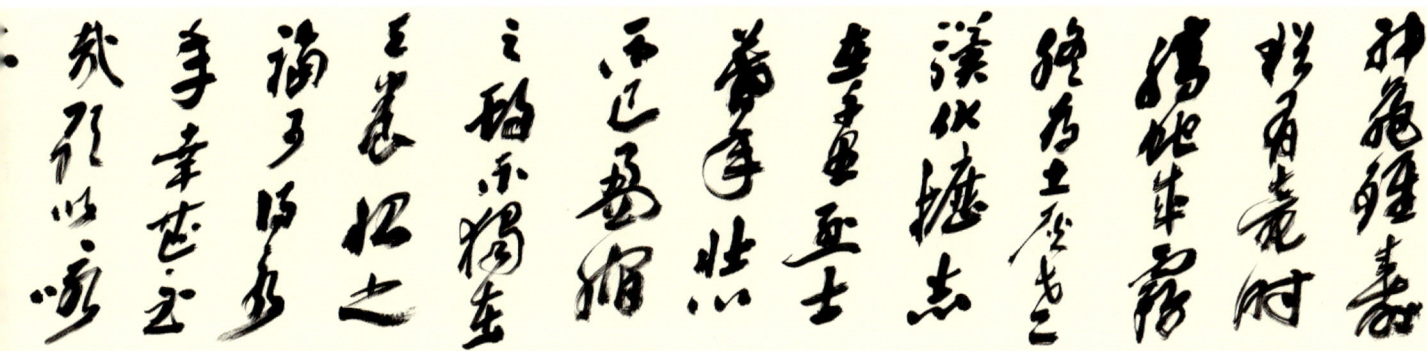

沙孟海《行草曹操诗卷》
沙孟海书学院藏

者仅祖父王高明（字仲闻）一人，祖父说此款决不可子孙自用，除五百元用于延工重立墓碑，余款悉数赠与守护墓区多年的一位老人。祖父所立此碑似未有影像留存，在当时情境下，可以想见形制、文字均简略。

综上所述，王国维先生当时唯一在京的次子王仲闻先生亲手操办了 1960 年王柩西迁之事。他在获得一笔优渥的"动迁费"后，不敢将此款留作自用，而是"除五百元用于延工重立墓碑，余款悉数赠与守护墓区多年的一位老人"。由此亦可知，迁墓之时曾立有一碑，或因此碑"形制、文字均简略"，久经风霜后不觅踪迹是也。正因如此，王氏后人和北京市文物局商洽决定公家出钱，委托戴家祥先生出面，致函沙公为静安先生之墓题写碑记。戴氏写道："兹有一事为老友一言……我考虑当代学人，书法艺术负有时望者，当推公为鲁殿灵光，敢为乞请。一为王师留下永久纪念，二亦考虑到'艺为人重'是历来评艺标准。"傅山论书有云："作字先作人，

人奇字自古。纲常叛周孔，笔墨不可补。"书法一艺，贵能德才并重，此事千古依然。幼和先生推沙翁为"鲁殿灵光"，并将题碑之事托付沙老，除了景仰其书名显赫外，更是感佩其为人、道德、品格之卓越也。

关于题碑的具体要求，信中亦有说明：

墓碑规格计长 1.5 米高，宽 0.8 米。碑文正面写"海宁王国维先生之墓"。右首写"公元一九八五年立"，左面写"鄞县沙孟海敬书"或者其他方式，亦请多出主意。碑文写在背面（背阴），只言学术，不谈政治，估计字数不多。至于字之大小，悉听尊便。可以放大，也可以缩小，现代科技，绝对不会走样。

此时的沙老已臻高龄，非但欣然受命，亦谨遵戴氏之意，对墓碑正面的布局方式略做调整：一是将右首"公元一九八五年立"一行挪至左面，改为"公历一九八五年孟秋之月"；二是将落款"鄞县沙孟海敬书"，改为"后学沙孟海敬题"。如此布白，既使得

此碑愈加文雅，又能够传递沙老对静安先生的敬重与景仰，让人不得不敬佩沙老的周全考虑和良苦用心。作为静安先生的入室弟子，戴公被推举为背阴《王国维先生墓碑记》撰文，但此时尚未起草，只是强调"只言学术，不谈政治，估计字数不多"，言："至于碑文内容，弟亦不辞谫陋，容再请王氏后人斟酌之后，再由邮请正可也。"

四

碑文定稿后，洋洋洒洒，共计1035字，八十六岁的沙翁一气呵成，以一日之力写就了这幅堪称楷书典范的博约之作。细观此书，笔若扛鼎，墨沉似铁，字字如巍巍高山之屹立，乃沙翁人书俱老之杰作也。令人难以置信的是，当笔者翻阅《沙孟海全集·书信卷》时发现，沙老于1985年8月至10月前后写给亲友的三通信函中，竟提及此时身体正遭受着因连日顽强的低热而带来的折磨。莫非此书是沙翁于病中所作？引三通信函，列叙如下，以便对照。

其一，9月5日《沙孟海致马国权书》曰："我于三日住入浙江医院二二二号，全面检查。……进院前赶好《王国维先生墓碑记》，全碑一千多字，已寄发付刻（王氏家属向北京当局请示后由戴家祥撰文，我书丹），此是难得的历史文献，我准备放入上海书画出版社正编辑之书法集中。估计住院日子不会太短，近日来示寄医院为便。"[13]

由信中"赶好"二字，可推沙老书写《王国维先生墓碑记》应在8月下旬，随后于9月3日住入了浙江医院全面检查，并且预知"住院日子不会太短"。

其二，8月28日《沙孟海致陈修良书》曰："我自本月四日以来，一直有低热（每日三十七点三、四），西药、中药、挂大瓶打针都未见效。医师嘱我住院检查，日内就进去。"[14]

此函道出了病情：沙公自8月4日以来，一直为不明原因的低热所困，每天体温都在"三十七点三、四度"，且尝试各种常见的治疗方法后均未见效，故遵医嘱入院进行全面体检。

其三，10月1日《沙孟海致陈修良书》曰："我于本月九月三日入院，顽强的低热，经一个月的检查，于九月下旬似慢慢有些眉目。原来早晚体温皆三十七点三、四，九月下旬开始下降二、三分。现在还是一面检查，一面治疗，检查完毕之后医师当有结论出来。将来再奉告。"[15]

结合三通信函可知，持续近两月的低热给沙孟老的身体带来了极为沉重的负担。试想纵然体力如我辈之年轻人亦恐难以经受如此"折腾"，何况年近九十且身体虚弱的老者乎？笔者询问沙老家属后了解到，事实上沙老晚年不少作品均是在医院写就的。为避医生耳目，先生常常夜半起身，伏案而作。即便是在力不从心之时，亦常常难以清闲，不禁令人由衷感叹沙老有着何等过人的惊人毅力和气魄！大家风范，实获吾心。1987年，上海书画出版社将《王国维先生墓碑记》编入《沙孟海书法集》出版，此作一经问世，便风靡书坛；1998年，浙江教育出版社将此碑墨迹影印成字帖发行，直至今日亦为众多书友奉为圭臬。

沙孟海题写《王国维先生墓碑记》，摄于 1985 年 8 月

五

《戴家祥致沙孟海书》函末有云："如何之处，统希面告雪克同志，拜感无既。"可见，此通信函并非邮寄，而是幼和先生托人赶赴杭州面呈沙翁的。函中所言"雪克同志"为何许人也？查阅得知，雪克先生是幼和先生的挚友。1952 年，调入浙江师范学院（原杭州大学前身）从事教育工作，曾历任中文系古典文学教研室助教、讲师、副教授；1983 年，调入古籍研究所，整理研究先秦两汉文献。他因研究所的第一个科研项目"孙怡让遗著整理和研究"与戴老结缘，常有书信往来，多年未断。1985 年 6 月，此时戴家祥先生任

教于华东师范大学中文系，雪克先生身在杭州，与戴老情意殷殷且多有书信联络。当幼和先生想托人将信函面呈沙老时，雪克先生便成了戴、沙二公沪杭两地之间的通讯联络员。雪老晚年撰写了一系列学林漫录之作，或怀念师友，或追忆往事，透露了诸多时代细节。今年 2 月，中华书局将这些所撰忆旧文字结集出版，名为《湖山感旧录》。书中收录了《往事已矣、记忆留痕——重读戴幼和家祥先生尺牍后》一文，重温了戴、沙二公的这段往事。文中写道：

某年 6 月 5 日来函，先生言及北京文物局同意为先师静安先生坟墓立碑，碑文由戴公撰作，想推荐书法名家沙孟海先生写字，

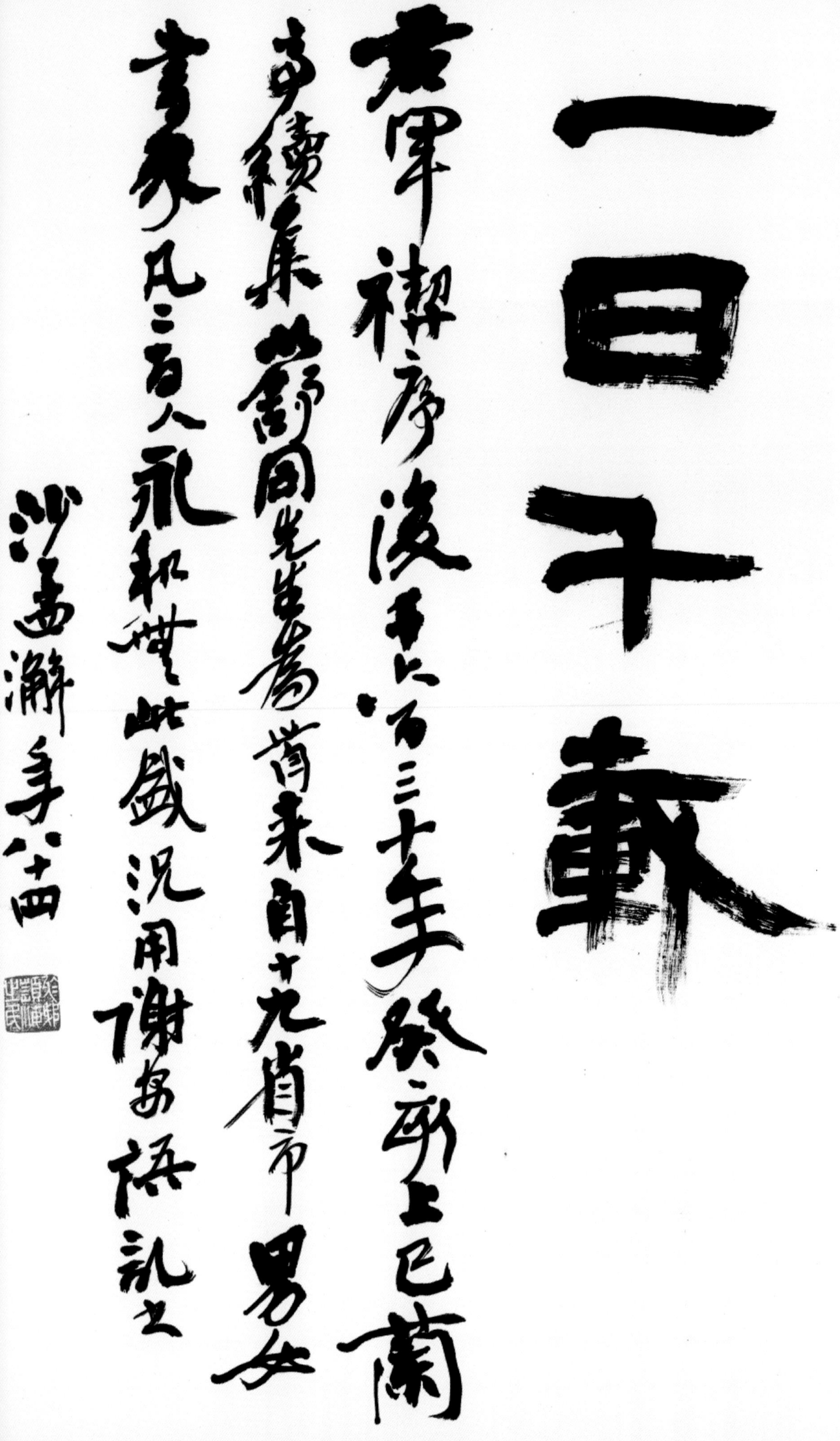

一日千載

右軍禊序後是歲三十年癸丑蘭亭續集歲同先生爲首來自十九省市男女書家凡三百人永和此盛況用謝安語記之

沙孟海年八十四

沙孟海《一日千載》

嘱我就近代为联系落实。沙公为当代书坛泰斗，是当时西泠印社社长，社会名流，笔润已按字论值，整篇文字，价自不菲。一无经费，私人实难承担。虽有戴公信函，不知二公私交，商洽能否如愿，难以自必，未免心存疑惑。那时，自己正因病住在浙江医院，行动不便，因嘱一位研究生代我趋府拜谒。回告是：沙公一口应允，谓"蒙戴兄看重，能为静安先生碑文握管是我的光荣，说什么润笔"。想不到，就这么顺利办成了。闻之甚幸，甚慰。[16]

由上可知，雪老因病虽未面晤沙老，却对此事印象显明，神驰不已。沙孟海先生逝世已近三十年了，文中诸老也多已驾鹤西去。双甲子的良辰吉日之际，我们作为后来者，带着崇高的敬意与深切的怀念，为书坛泰斗的纪念活动贡献一瓣心香。斯人已逝，托体同山，人生海海，本也自然。然世事沧桑，回首不胜唏嘘。有学人言："怀旧不永远是关于过去的；怀旧可能是回顾性的，但是也可能是前瞻性的。"[17] 在中华民族伟大复兴、正祁望再造辉煌之眼下，蓦然回望那个中西文化激荡、名家大师云集的时代，戴、沙二公尽显学人之胸怀坦荡，此份温暖的情谊终是一段佳话。

1　戴家祥，字幼和，浙江瑞安人。著名历史学家、古文字学家。代表作有《墙盘铭文通释》《金文大字典》等。

2　戴家祥：《戴家祥文存》，南京：江苏人民出版社，2019年，第60页。

3　朱关田总编：《沙孟海全集·日记卷4》，杭州：西泠印社出版社，2010年，第1247页。

4　朱关田总编：《沙孟海全集·日记卷4》，杭州：西泠印社出版社，2010年，第1247页。

5　朱关田总编：《沙孟海全集·文稿卷》，杭州：西泠印社出版社，2010年，第95页。

6　朱关田总编：《沙孟海全集·文稿卷》，杭州：西泠印社出版社，2010年，第95页。

7　朱关田总编：《沙孟海全集·文稿卷》，杭州：西泠印社出版社，2010年，第94页。

8　朱关田总编：《沙孟海全集·文稿卷》，杭州：西泠印社出版社，2010年，第96页。

9　朱关田总编：《沙孟海全集·文稿卷》，杭州：西泠印社出版社，2010年，第96页。

10　朱关田总编：《沙孟海全集·文稿卷》，杭州：西泠印社出版社，2010年，第96页。

11　戴家祥：《戴家祥文存》，南京：江苏人民出版社，2019年，第59页。

12　邓之诚：《邓之诚文史札记》，南京：江苏凤凰出版社，2016年，第1208页。

13　朱关田总编：《沙孟海全集·书信卷》，杭州：西泠印社出版社，2010年，第164页至第165页。

14　朱关田总编：《沙孟海全集·书信卷》，杭州：西泠印社出版社，2010年，第66页。

15　朱关田总编：《沙孟海全集·书信卷》，杭州：西泠印社出版社，2010年，第67页。

16　雪克：《湖山感旧录》，北京：中华书局，2021年，第34页至第35页。

17　斯维特兰娜·博伊姆：《怀旧的未来》，南京：译林出版社，2010年，第15页。

人 物

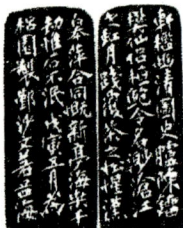

青年沙孟海的汉语言文字学研究

徐 清

汉语言文字学研究是沙孟海青年时期确立的学术志向所在，也是其整个学术体系和知识架构中的重要支柱。19 世纪末至 20 世纪二三十年代，甲骨、简牍文字的出土和中国考古学的逐步确立，为中国语言文字学的发展带来前所未有的契机，中、外学者在文字演进史、比较文字学等领域各有新的创获，沙孟海对此不由发出"学术进步，一日千里"的感慨[1]。十数年间，沙孟海虽因辗转沪、杭、穗各地及诸种事务的烦扰而难以完全静心治学，但他仍然深怀"与海内外通人竞驰争驱"的自我期许[2]。

20 世纪二三十年代，沙孟海尽己所能、及时跟进学界的新成果，制定相应的阅读和研究计划，逐次整理和撰就了系列语言文字学研究论文。20 世纪 40 年代初，沙孟海避居重庆、身染疾患时，依旧念念不忘语言文字学研究、祈盼来日再续。他在致友人丁山的一封信中述说道："文若学殖谫薄，兼牵尘事，浮湛廿载，百无成就，自惟于语言文字之学粗窥门径……异时海宇廓清，翩然东返，便当解脱鞅靬，修吾初服。"[3]

下文以沙孟海日记和刊发的学术论文为据，略举数端，以揭明青年沙孟海在汉语言文字学领域的视野所及和学术抱负。

汉字形体演变研究

1. 贯通古今，纠近世文字学研究之偏误

《兰沙馆日录》1929 年 9 月 13 日云：

前年，余欲为《字形嬗变研究》一文，附论近世谈文字学者之误点有二：（一）文字学之涵义至广，而今人犹断烂甲骨、许书，不更道分隶以下只字，此字原学耳，何得窃此大名？（二）自胡适倡文学革命论后，时人均知白话文为现代文学之正体，而目古文为死物，但言文字学者犹一本"六书"，至多不过引金文、甲文，反许书之误失而已，从不闻有目现代通用文字为进步者。[4]

沙孟海认为，近世谈文字学者在认识上存有两方面偏误：一是只研究隶书以前的字体字形，忽略了隶书以后的发展，将文字历史割断。关于这一点，沙氏次年 9 月的日记中再次提道："前辈笃守许君旧说者无论已，其余研习金文、甲骨之士，大氐疏于许学，隶楷以下更不过问，猥云治文字学，实文字学中一小部分耳。"[5] 二是依据"六书"说解文字，即使引甲骨、金文纠正许慎《说文》中的误失，但在根本的文字史观念上仍然唯古是尊。有鉴于此，沙孟海于 1927 年尝试撰写《字形嬗变研究》一文，意在纠正上述偏误。

清末民初以来，"许学"（或谓"说文学"）在学界的地位发生巨大改变，由过去的备受尊崇到屡遭质疑乃至否定，呈现出两种极端倾向。质疑者时以新出土的甲骨文以及钟鼎铭文为证，指摘《说文》字形、释义上的舛误，因此极大地动摇了这一经典著作在文字学者心目中的神圣地位，促发了新一轮的中国古文字研究，但同时也暴露了自身在学术积累上的不足和某些不良的治学倾向。顾廷龙《说文废字废义考叙》（1932 年）云，"时值举世学者侈言研究古文字，惟从甲骨文、金文求之，薄《说文解字》者东汉书耳，不足以言古焉"，然而"观诸家释字，别创理解、新奇可喜者固不少；而言人人殊、牵强附会者亦甚多"[6]。章太炎《理惑论》亦云："近有掊得龟甲者，文如鸟虫，又与彝器小异。其人盖欺世豫贾之徒；国土可鬻，何有文字？而一二贤儒，信以为质，斯亦通人之蔽。"[7] 章太炎指斥甲骨为伪，并非完全出于顽固守旧，很大程度上是因为不满于当时学界"好其多异说而恶其少异说"的风气。[8] 20 世纪前后的学者除了对甲骨文的可靠性和可利用程度颇有争论之外，对于金文也是意见不一。如

閱諸孫子自有度子備內凡十三篇……君臣間
遇不過之故其所引為唯一之陣礎物而務紛推倒之者
則為一圖之權要（非書中謂之重人義謂之當塗之人）哉推
草篇不詳及之其沒入秦為李斯賈誼所害……命如是
其言法治乃謂仁義愛惠不足用而蒸刑重訓之為治國
盗則戰刻彀字恩及此　前輩余政為字形學……義至廣而
附論近世諸文字學者之謹跟有二（一）文字學之涵義研究一文
今人猶斷爛甲骨許書……此字原學耳何
乃竊此大名（二）自胡適倡文學革命論談時人詢岔白話文為現
代文學之正歸……而目吉文為死物但言文字學者獨一本以李西
而逆引金文甲文反證許書之誤头而已況不聞有目現代通用
文字為進步者屬稿未就強又尖之野聘頃草文字學通論
其首章論正文字學之界說而指誣國內讀文字學者之委課

十九年八月十六日　舊曆閏六月廿二　晨九點上海附郭特快車行年後
兩許抵杭離杭一戴擔登車……身事至三余人甚唱
歇城站旅館以電話招藤孫玉釣……運署……許敬
同赴公起字中与湯餅之讌……始及其……商務……
言　火車中看蔣善園甲國文字之原……
出放凡兩冊涉園一冊有末作華埃古文之比較研究辭有徵……
者　此為第一部　前出有華埃文字比較表……
及但咱經言小記　左文字學上不必須值……引村料……付
此其缺點也　早晨未勒身前主未師家中所李致維順付
淮鄒壬編彌次此為第一歸
謀余進運署嘉梧老屋園年時習難之地也　子嵐壽之
十古星期　晨末起蘇孫巳門門玉進綠豆粥……誤後

《兰沙馆日录》1929 年 9 月 13 日　　　　《兰沙馆日录》1930 年 8 月 16 日

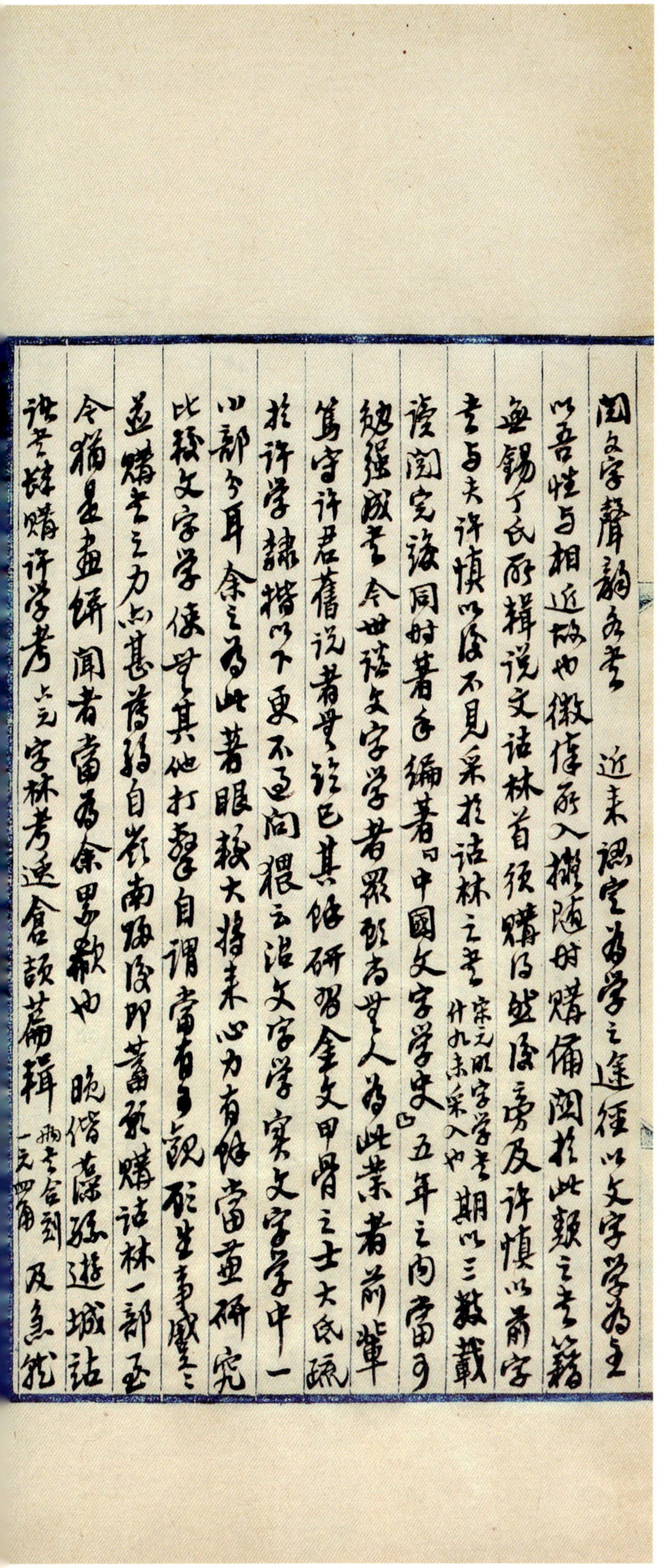

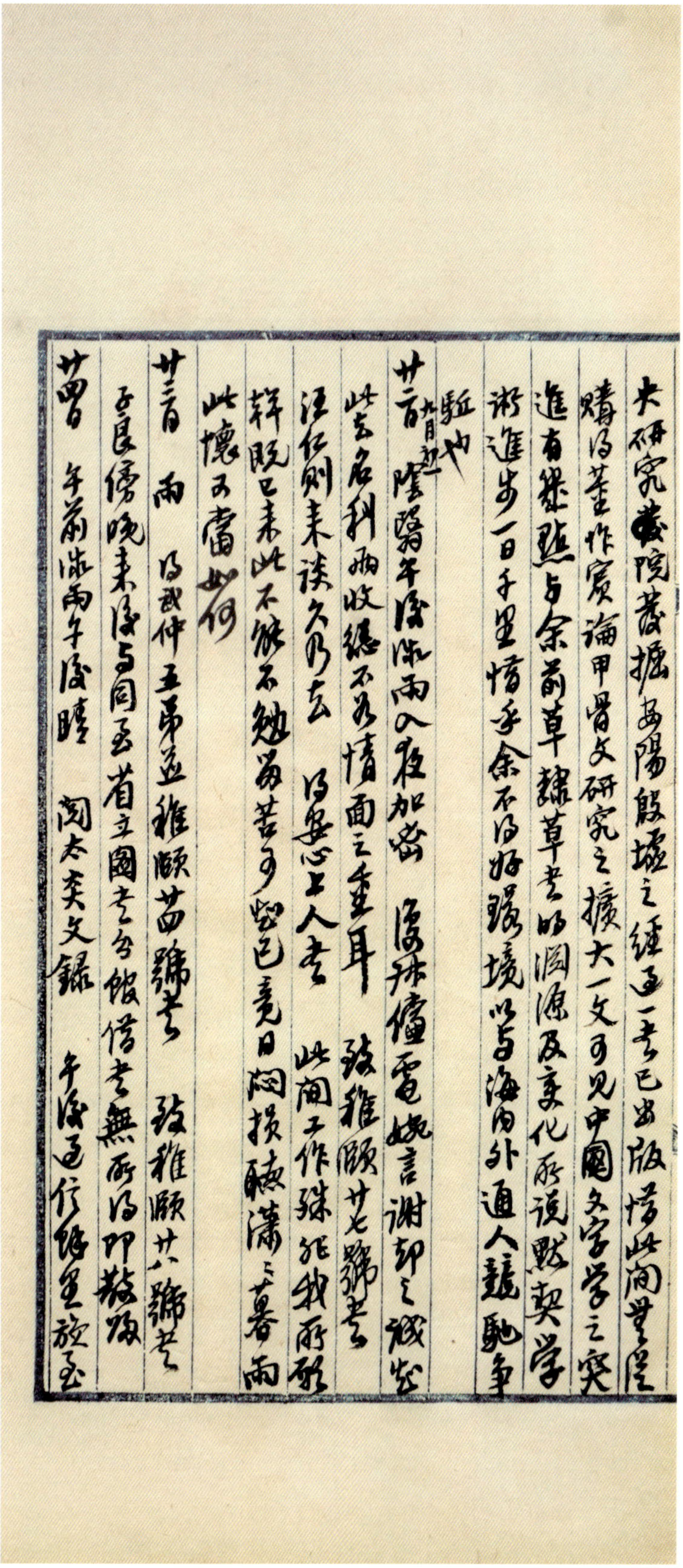

张之洞、李文田、康有为、叶德辉、章太炎以及新派人物毛子水和提出"中国古史重建"口号的韩亦琦等，都曾对金文持保留或怀疑的态度。由此，沙孟海的批评，可以理解为是对文字学研究导向、研究方法的一种纠偏，他强调研习金文、甲骨仍需以许学为参照和根柢，避免孤立、牵强的解释，文字学研究也不应无视汉代以后的文字发展史。

2. 取鉴考古学，系统整理、比照各体汉字

　　1930 年 4 月，沙孟海在广州任职国立中山大学预科教授期间，撰就《隶草书的渊源及其变化》一文。此文随即刊发于《国立中山大学语言历史学研究所周刊》同年第 2 集第 125—128 期。文中，沙孟海不仅围绕隶、草书的胚胎期和成熟期进行论证（尤以 1914 年出版、由罗振玉和王国维合力编著的《流沙坠简》为主要材料来源），还提出一个更宏观的文字史研究构想，即观察古今所有的中国各体文字（包括从籀篆到隶草、从正体到俗体），揭明其演变历史和过程。针对这一构想，他进行了最初始的尝试，即选取"漆""叔""辨"三个例字，分别绘制树枝状系图，辅以简明的文字，以说明它们在不同时期以各种字体面目出现的演变、分化。沙孟海的这一构想和尝试，显然是受到考古新发现和甲骨文研究新路径的影响。

　　1929 年至 1930 年前后，沙孟海对河南安阳殷墟发掘和甲骨文研究保持了持续的关注，并从董作宾、闻宥等人的甲骨文字整理中得到重要启发。《安阳发掘报告》（第一期）刊出董作宾《新获卜辞写本后记》一文，其中列有一个"吉"字演变系统表，该表是根据安阳发掘

新得甲骨中的二十余种不同字形，更参以《簠室殷契类纂》及《殷墟文字类编》中所录，校其异同、排比而成。文章指出，甲骨卜辞中的"吉"字虽然字形变化多端，但经仔细比对，"甚可见其极有趣味之演化系统，于此更可知其变迁之由来已久，决非短时期内所能有"[9]。将这一"吉"字演变图与沙孟海《隶草书的渊源及其变化》中的"漆、叔、辨"三字系图做一对比，后者受前者影响的痕迹明显可见，只是沙氏编入系图的字体不限一种，而是包括了篆、隶、楷、草等。闻宥在《研究甲骨文字的两条新路》中以贞鼎一系为例，对"型式学"方法的介绍和运用，也让沙氏深感探求各体文字变化规律、发展序列和相互关系，尚有很大的开拓空间。在篆、籀方面，当时国内已有学者尝试进行了初步的整理和分析，而隶、草方面，相关整理还几乎是一个空白，因此以隶、草作为研究重点，是沙孟海在了解上述研究新动向基础上的自觉选择。

　　沙孟海 1930 年 10 月的一则日记又提及："董作宾《甲骨文研究之扩大》一文，可见中国文字学之突进，有几点与余前《隶草书的渊源及其变化》所说默契。"[10] 何谓默契？参阅董作宾原文意旨，或可明白沙氏此言所指。董氏《甲骨文研究之扩大》发表于《安阳发掘报告》（第二期），文章虽以"甲骨文"为题，论述内容并不局限于此，实则多关乎中国文字。概而言之，沙、董二人的契合之处有三。首先是文字考释、研究的路径和方向。董文提到，目前学界做文字考释的人很多，但还有两条要路，是大家不曾走过的，一是字形增减变化的公例，二是部分形体所代表的意

义和他的沿革。[11]"吉"字演变系统表即是针对第一条路径的尝试，而沙孟海的"漆、叔、辨"三字演变图也是基于同一考虑。其次是文字的大规模系统整理。董文论及：甲骨卜辞今后的研究范围非常广，其中专就文字而言，应该做一个大规模的整理，先以"甲骨文字汇编"为第一步骤，再作索引和分门别类的整理，进而以"契学"为基础，建设殷商一代的文化史。[12]沙孟海前此已怀有整理各体文字的宏愿，读到此处，亦当是心有戚戚焉。第三是中西文字的比较研究。董文曰："中国文字外来之说，早已甚嚣尘上，然欲解决此问题，自非取古象形字，彼此比较，以求他们有否因袭的关系不可……而苏谟尔古象形字为西方文字的起源，尤当以甲骨文中象形字与之比较研究。"[13]而沙孟海也以"比较文字学"作为自己将来的研究重点。

沙孟海对董作宾此文的重视，除了源于上述观点的契合之外，更因由此窥见"中国文字学之突进"。甲骨文研究从一开始的文字学、古史学领域向考古学的不断挺进，从最初的文字研究到实物观察，再到地层考察、同出器物的比较，乃至他国古学的参考，展现了近现代学术的发展趋向和特质。但同时，甲骨学仍在起步阶段，时人治学应该"一面把眼光放大，要看到全世界的学人，他们走到何处？在如何的工作？一面把眼光缩小，要精密的观察，自己向秋毫之末来找问题"[14]。青年沙孟海虽然没有条件如董作宾等参与到考古发掘、甲骨研究中，但在对学术新气象的敏锐感知和种种内外因素的刺激下，亦怀有"与海内外通人竞驰争驱"的高远志向。

《中国文字学史》编撰计划与"比较文字学"研究构想

沙孟海在1930年9月29日的一则日记中，有这样一段话：

近来认定为学之途径，以文字学为主，以吾性与相近故也。微俸所入，拟随时购备关于此类之书籍。无锡丁氏所辑《说文诂林》首须购得，然后旁及许慎以前字书，与夫许慎此后不见采于《诂林》之书（宋、元、明字学书，什九未采入也），期以三数载读阅完竣。同时着手编著《中国文字学史》，五年之内当可勉强成书。今世谈文字学者众，顾尚无人为此业者……余之为此，着眼较大，将来心力有余，当兼研究比较文字学。[15]

从日记时间来看，沙孟海此时正在杭州。而此前约一月有余，他刚从国立中山大学预科辞去教职北归。由这段自述可知，沙孟海的分阶段治学计划是先从编著《中国文字学史》开始，进而拓展至"比较文字学"研究。沙氏的这一想法，当是受蒋善国《中国文字之原始及其构造》一书的启发。在略早的日记中，沙孟海明确提及："火车中看蒋善国《中国文字之原始及其构造》，商务新出版，凡两册，涉阅一册有半。作华、埃古文之比较研究，辑有成书者，此为第一部……在文字学上不无价值。下册征引材料欠选择，此其缺点也。"[16]

蒋善国，毕业于南开大学，1925年秋被聘为清华大学助教，助刘寿民、梁启超两先生教于大学部及国学研究院。[17]1928年初，他撰《〈中国文字之原始及其构造〉自序》表明著述主旨："中国之文字学，自汉迄今，代有著述。而皆囿于许学，未敢远图……上古悠邈，史不足征，中国古物发见虽夥，而求三代以上先民文字之刍形，尚不可得。是非旁求西欧所发掘原始人类之创造，无以知中国文字创造之历程……清季以来，对于金石甲骨之文，虽多专著，而本之以成一有统系之文字学者，迄今尚邈无其人。今特远参欧土原始人类之迹，以探中国未有文字以前创造文字之历程，博考近代所发见之古物，以求中国文字本身之构造。"[18] 该著分上、下两编，下编"中国文字之构成"以"六书"为线索分章论述，条理清晰，然无甚新意，上编"中国原始文字之探索"却颇有价值，比如：借鉴西方人类学家、社会史家的学说和理论，探讨语言的起源和发展、语言与文字之间的关系；借助法国著名语言学家尚波林的埃及文字研究著述、英国考古学家伊文斯在克雷特岛的文物发掘等，将埃及、克雷特等古邦国以及北美印第安诸氏族的象形文字与中国的古文字进行比照，探求中国文字学研究的一种新路径。[19] 沙孟海阅读此书后，对蒋善国将中国与埃及古文字进行比较的方法颇为赞赏。其实早于蒋善国之前，已有学人做过一些中西古文字比较的工作，例如 1921 年出版的华学涑《国文探索一斑》中列有《华埃比较表》《华巴古文比较表》，蒋善国充分吸收了这一成果，且在自己的著作中加以标明，因此沙孟海也有可能了解此书。比较文字学的研究在 20 世纪二三十年代的中国尚属初创[20]，沙孟海祈望自己将来能在此领域有所深入和开拓。

现代语言学视野下的助词研究

沙孟海现存文稿中，《助词论》一文以"篇幅之长、耗时之久、引用资料之多，耗费精力之大"[21] 而尤显突出。全文约一万五千字，对助词的来源和发展进行追索，对其因革嬗变的过程和原因进行考察，根据助词的演变，分期梳理、依次诠释。其中除了第六部分补写于 1936 年之外，其余内容撰于 1930 年夏，其间又经多次补正和修改。[22] 沙氏本人对此文非常自信，称"凡所著记，多为以往学者所未措意，而其事实为研究中国语言文学者所不可不知……余书虽未必即为定论，若夫床屋之诮，庶几知免"[23]。

沙孟海的助词研究，既有传统语言文字学理论的基础，依凭"六书说"和古音学知识解释助词的产生和使用，又有现代语言学、文法学的知识视野，尤其是受到晚清学者马建忠所著《文通》的显著影响。沙孟海在文中评述马建忠"始依欧西文法而著《文通》，厥后踵马氏而为之者，不下数十家。助词一门，要不逮马书称论之详赡"[24]。马氏《文通》出版于光绪二十四年（1898），是一部以古汉语为研究对象的汉语语法著作，它通过引进西方语法学，第一次完整地构建了汉语的语法系统，标志着中国现代语言学的开端。[25]《文通》问世后，梁启超评其为"中国之有文典，自马氏始"，盛赞其"创前古未有之业"[26]。此后学界虽有批评意见，如杨树达 1929 年发表《马氏文通刊误》，对其模仿西方语法颇有微词，但《文通》开创性的学术价值和影响终究无可替代，正如朱德熙所言："《马氏文通》

沙孟海

沙孟海《楷书王安石册页》

私人藏

往往因其模仿拉丁语法而为人诟病。其实，作为第一部系统地研究汉语语法的书，能有如此的水平和规模，已经大大出人意表，我们实在不应苛求马氏了。只要看《文通》问世二十余年以后出版的一批语法著作，无论就内容的充实程度论，还是就发掘的深度论，较之《文通》多有逊色，对比之下，就可以看出《文通》的价值了。"[27]20 世纪一百年来的中国语法学批评，也几乎是以对《文通》的评论为主线。相比而言，沙孟海 1930 年对《文通》的接纳和评价较一般学人更为通达、客观，且能抓住其中颇具汉语特点的"助词"类进行生发和拓展。

除了《文通》，沙孟海对当时的普通语言学著作也有所关注，并借此了解西方语言学理论，在中、西文之间加以比较对照。例如，沙氏分析汉语中音节与文字的关系并非完全

一一对应时，引述了 1923 年上海商务印书馆初次出版的胡以鲁《国语学草创》一著的内容。《国语学草创》是中国第一部普通语言学著作，在中国传统语言学转向现代语言学的过程中具有开拓性的意义。全书重点阐述汉语的发生发展、汉语在世界语言学史上的地位、方言与标准语的关系、汉语与汉字的关系等基本问题，并一一引介了西方近代语言学家葆朴、洪堡特、叶斯柏森等人的理论。[28]沙孟海正是从上述具有近现代学术特征的语言学著作中，探寻汉语研究的新内容和新方法，围绕助词展开"历史的研究"和"系统的研究"。

20 世纪二三十年代，在中国现代学术文化发展与转型的进程中，各种思潮风起云涌、相互激荡，新学术新思想伴随着新闻出版业的发展得以迅速传播。此时的沙孟海已从浙

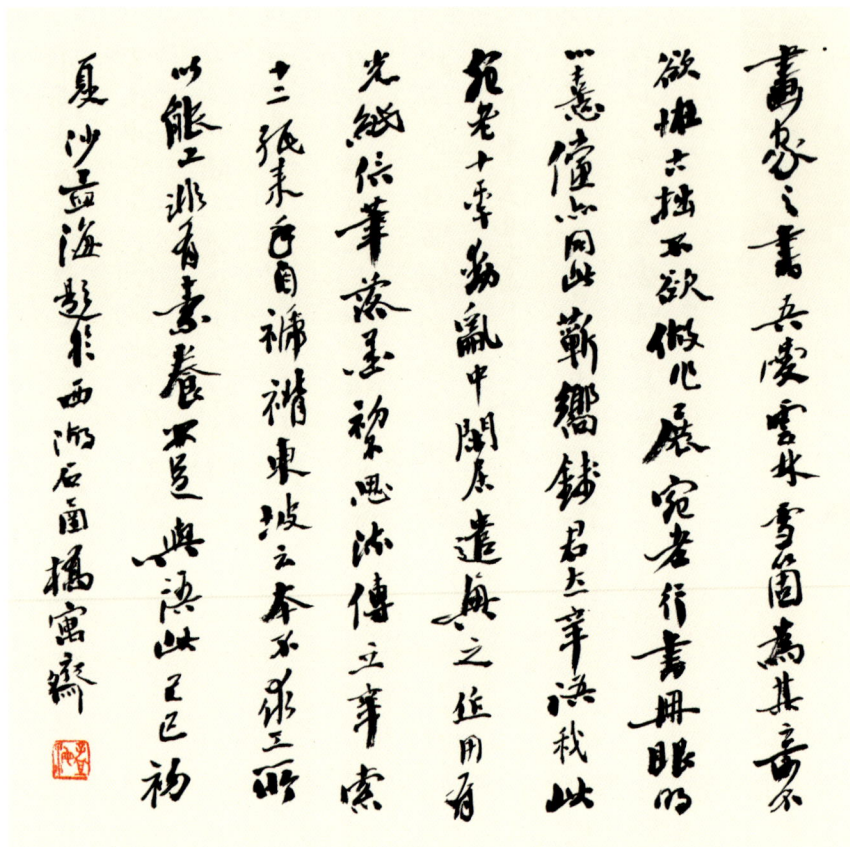

沙孟海《行书陆俨少行书册跋》

沙孟海书学院藏

江鄞县的一方山野僻壤走出，经由宁波迈向更大的天地，辗转于上海、广州、杭州、南京等都市之间，广交师友，识见日丰。尤其是在任教国立中山大学预科期间，沙孟海与周围的学者同事互为启发，在语言文字学研究领域获益匪浅，并立意从今往后以此为治学主项，胸怀远志、勉励奋进。在此后的研学、治艺生涯中，沙孟海始终志向高远，不哗众取宠、冀名得利，不信从流俗、自限门户，坚守求真求实的学术品格和精神，以丰厚的学术积累和不凡的人生识见，成就其一生的学术和艺术高度。

1 《兰沙馆日录》1930 年 10 月 21 日,《沙孟海全集·日记卷 4》,杭州:西泠印社出版社,2010 年,第 1353 页。

2 同上。

3 《与丁山书》,《沙孟海全集·书信卷》,杭州：西泠印社出版社,2010 年,第 24 页。

4 《沙孟海全集·日记卷 4》,杭州：西泠印社出版社,2010 年,第 1234 页。

5 同上,第 1339 页。

6 《顾廷龙文集》,上海：上海科学技术文献出版社,2002 年,第 24 页。

7 《国故论衡》,上海：上海古籍出版社,2003 年,第 42 页。

8 章太炎 1924 年《救学弊论》一文指出"史学五弊",如其一为"详远古而略近代",即时人唯专意于探讨"文献不足征"的上古,而不研究有"正史"可据的历史,好新求异,专在细致之处吹毛求疵。(见《太炎文录续编》卷一,《章太炎全集》〈五〉,上海：上海人民出版社,1985 年,第 102 页至第 103 页。

9 董作宾：《新获卜辞写本后记》,《安阳发掘报告》第一期,中央研究院历史语言研究所,1929 年,第 207 页。

10 《沙孟海全集·日记卷 4》,杭州：西泠印社出版社,2010 年,第 1353 页。

11 《安阳发掘报告》第二期,中央研究院历史语言研究所,1930 年,第 413 页至第 414 页。

12 同上,第 420 页至第 421 页。

13 同上,第 419 页。

14 同上,第 420 页。

15 《兰沙馆日录》,《沙孟海全集·日记卷 4》,杭州：西泠印社出版社,2021 年,第 1339 页。

16 《兰沙馆日录》1930 年 8 月 16 日,《沙孟海全集·日记卷 4》,杭州：西泠印社出版社,2010 年,第 1316 页。

17 参见蒋善国《我所认识的梁启超与王国维》,《文史资料选编》第 24 辑,北京：北京出版社,1985 年,第 35 页至第 38 页。在语言文字学领域,蒋善国致力于将汉字学建设成为一科学、系统的学科,除《中国文字之原始及其构造》之外,他还著有《汉字的组成和性质》《汉字形体学》《汉字学》等。

18 《中国文字之原始及其构造》,上海：上海商务印书馆,1930 年。

19 尚波林,又译作商博良,是第一位识破古埃及象形文字结构并破译罗塞塔石碑的学者,埃及学的创始人。蒋善国云："幸近代以来,考古之学勃兴,古物日出,若埃及、古雷特诸古邦,其古代文化,日有发掘;而中国之殷周遗文,亦时有发见",法人尚波林"著《象形文字典》《埃及文法》《埃及及尼比亚纪念》诸书,于是埃及之象形文字,始为世晓。1899 年,英国考古学家伊文斯于克雷特岛上之克奥沙斯发掘大批泥制及石刻古物,皆有象形文字"(见《中国文字之原始及其构造》,第 28 页至第 29 页)《中国文字之原始及其构造》自 1930 年初次出版后,又多次再版,1935 年被列为商务印书馆"星期标准书"之一,后又被列入"大学丛书"参考书。

20 邓章应：《中国比较文字学研究的回顾与展望》,王铁琨等编：《一生有光——周有光先生百年寿辰纪念文集》,北京：语文出版社,2007 年,第 156 页至第 166 页。

21 鲍士杰：《沙孟海先生的学术渊源和治学观点与方法》,《沙孟海论坛暨中国书法史学国际学术研讨会论文集》,杭州：浙江古籍出版社,2010 年,第 123 页。

22 《兰沙馆日录》1930 年 9 月 3 日："四、五月间在广州属草之《助词的起源及其他》一文,大体粗具,尚有一章关于语言学者未草就,今日略翻阅参考书,预备补成,早日投稿发表,免为捷足者先登。"9 月 4 日："论助词第二章'从语言方面观察助词的起源',旧作殊不满意,今晨因重草一章。"10 月 2 日："续誊《助词论》旧稿。"1931 年 3 月 7 日："出旧作《助词论》稿底,补改数处,删去一章。"(见《沙孟海全集·日记卷 4》,第 1326、1342、1422 页。)遗憾的是,因 1930 年 2 月 13 日至 8 月 15 日的《日录》缺失,沙氏撰写此文的过程及相关信息不得而知。

23 《沙孟海全集·文稿卷》,杭州：西泠印社出版社,2010 年,第 305 页。

24 同上。

25 宋绍年、郭锡良：《20 世纪的古汉语语法研究》,《古汉语研究》,2000 年第 1 期。

26 《论中国学术思想变迁之大势》,《饮冰室合集·文集》第三册,北京：中华书局,1936 年,第 93 页。

27 朱德熙：《汉语语法丛书序》,《汉语语法丛书》,北京：商务印书馆,1983 年。

28 李晗蕾：《〈国语学草创〉与现代语言学》,《北方论丛》,2003 年第 2 期。

20×15=300

人物

教授沙孟海：新时代"文化认同"背景下沙孟海的书法与书法教育探析

付　威

　　沙孟海从在书法创作到书法教育的过程当中，以文化认同为主线，通过书写本身的自我教育向书法教育过渡。本文在了解社会与文化发展现实的基础上，将视角投向新时代，关注个体经验走出历史与未来的宏大叙事，并总结出沙孟海的书法与书法教育理念持续影响当代的意义。

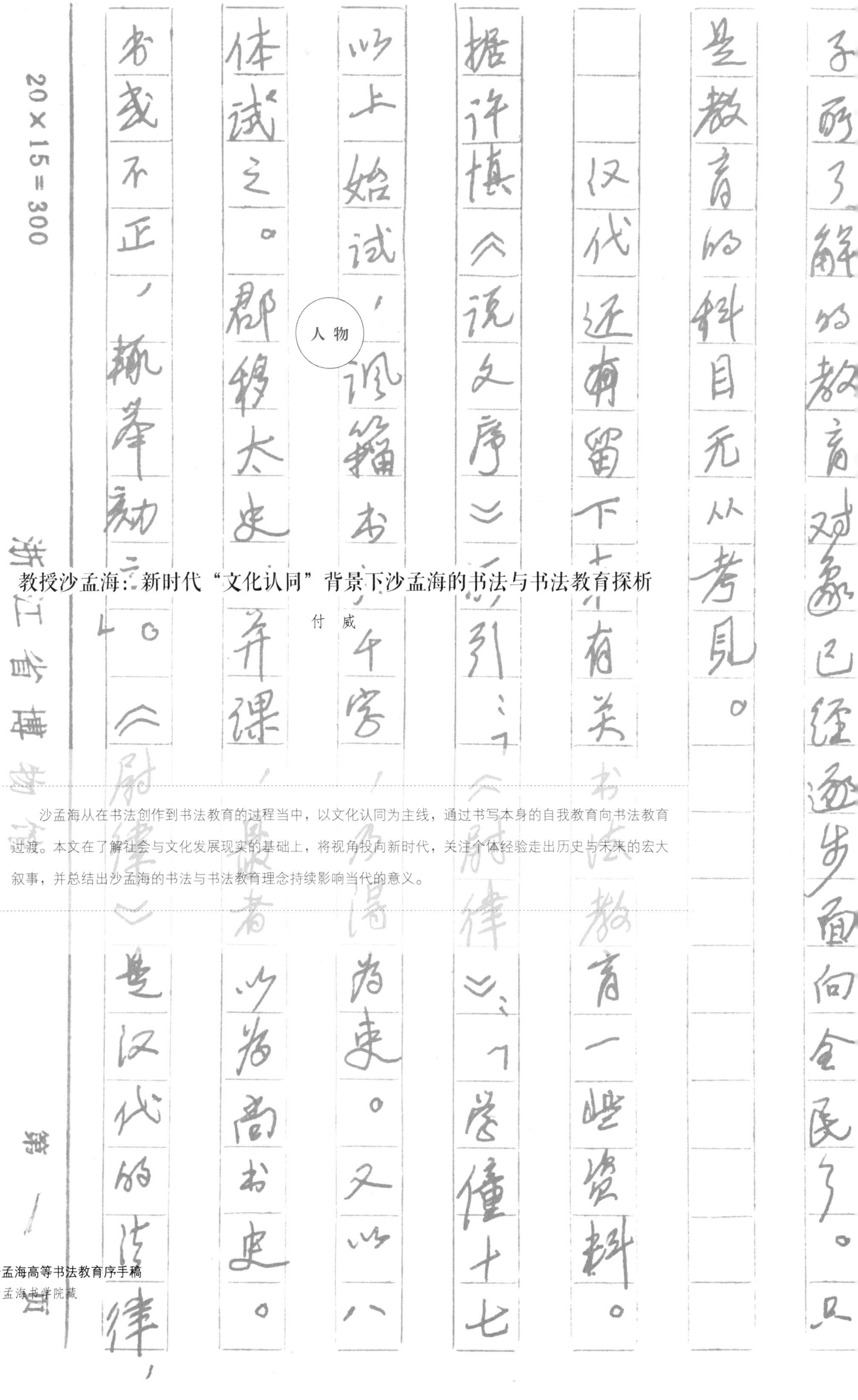

沙孟海高等书法教育序手稿
沙孟海书学院藏

我国人法起本传教育

礼)子保民养国子以道，乃教之

书以书即文字学，包括

持最族子弟，当时老百姓是没有受教育机会的。

《孟子》："夏曰校，殷曰序，周曰庠，学则三代

从书法创作到书法教育

　　沙孟海经历了晚清、民国、中华人民共和国的成立、改革开放等几个重要的社会历史变革阶段，这一时期，中国社会和文化发生巨大的转变，尤其以批判传统为宗的五四文化思潮，使中国的文化自足现象出现了断裂，随之而来的便是中西文化的交融乃至走向全球化的过程，一种对现代主义的文化认同感在这期间逐渐抬头。体现在书法方面出现了形式和内容上的几种转变，从创作主体来看，是由传统文人群体向现代教育的知识分子转变；从客观书写内容来看，是由书写文言文到白话文的转变。这些转变是书法外在形式的变化，其中最深厚的转变体现在书法内容上，即文化精神内涵的转变，书法由展现传统文人书法的基本修养和完善人格向重形式轻内容的转变。面对诸多变化，沙孟海的书法在这样一个时代背景之下，在艺术生态的转变与转型中，仍保持着传统书写。

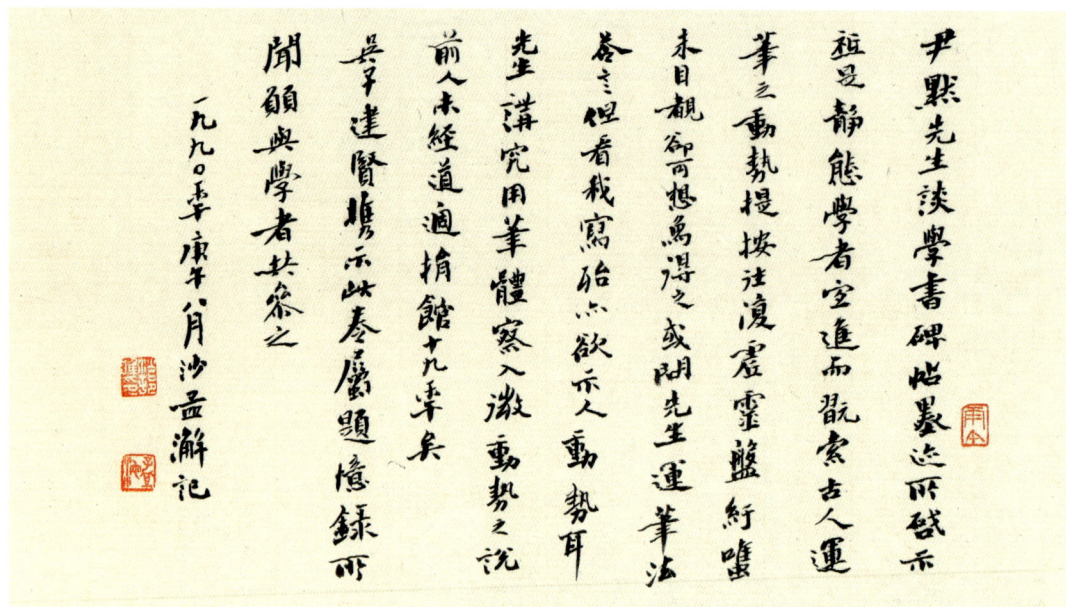

沙孟海《行楷沈尹默遗墨跋》
沙孟海书学院藏

　　沙孟海的传统书写体现在他尊重典范以及对书法经典传承的重视。从他的书学经历可以看到，他受家学影响从小耳濡目染，遍临碑帖。他对传统碑帖的临习认真到位，对于摹写中的笔法，笔笔精确，尊重经典碑帖，在书法技法上遵循法度、掌握精髓。在沙孟海看来："由于对书法艺术的理解不同，加上书法长期附庸于美术，受到绘画创作的严重影响，致使有的书者一味追求墨趣，强调抒情、写意，忽略了结字规律、点画功夫，特别是楷书方面的基本功训练；有的则由于文史基础浅薄，不讲究字外功夫，或者越出文字范围去搞书法。"[1]这些表现都是基于沙孟海尊重典范以及对书法经典的重视，坚持临摹历代碑帖是沙孟海形成"沙体"书法的基石，其作品蕴含着中华优秀传统文化基因。他并没有受时代大环境影响，没有受现代主义影响下的文化认同观所左右，而是在入帖上寻求循序渐进，在临摹上不图量多，追求精确，然后潜移默化地转向到创作，以此，在经典碑帖中认真体会蕴藉的丰富与历史的厚重。"他从'尚韵'为主的追求到对北碑一派'尚势'为主的追慕，从以楷书为主的创作转向以行草为主的创作；他远宗汉魏，近取宋明，于钟繇、王羲之、欧阳询、颜真卿、苏轼、黄庭坚以及清季的黄道周、张瑞图诸家下苦功夫，化古融今，最终形成具有自己特色的'雄强'书风。"[2]不仅如此，他对古典文学颇有研究，热爱古文字学以及金文学，在少年时期就凸显出对文字学的敏感之处，为传统书写打下了坚实的基础。

　　文化认同有赖于每个个体的思考、语言

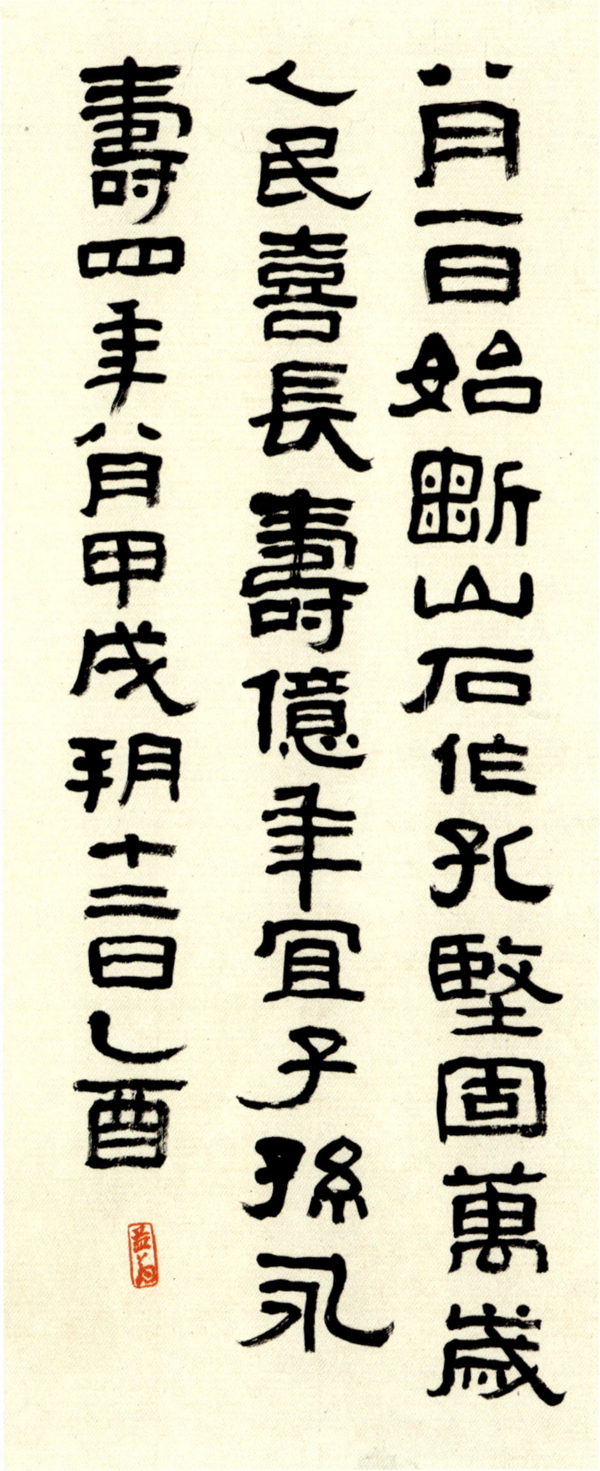

沙孟海《临刘平国刻石轴》

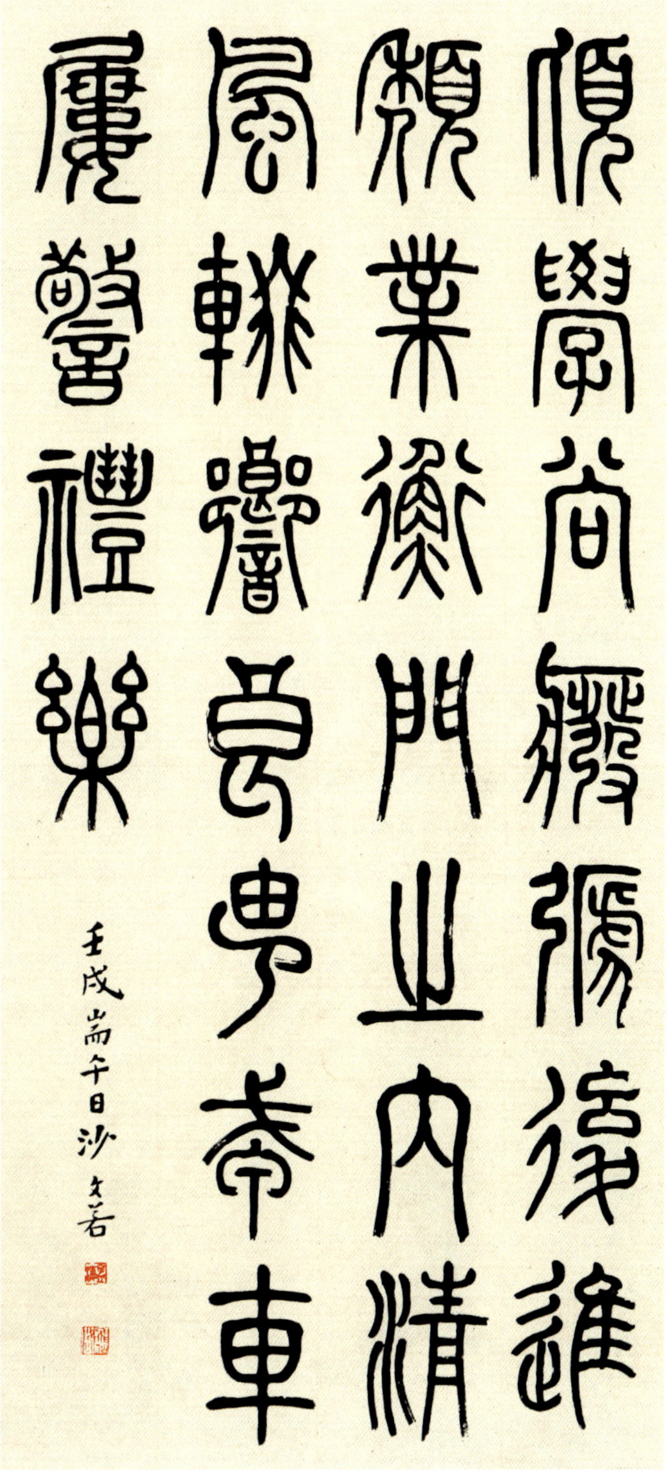

沙孟海《临吴让之篆书轴》

以及实践交往过程中所使用的独特语言文字，将趋于共同的价值观，共同的文化理想以汉字形塑的方式阐释中国文化的内在意蕴，"而作为集实用与审美一体的书法，因为以汉字为素材，必然有超越于其他视觉艺术的深厚内涵，对于民族文化认同感的培养具有优先地位"。[3] 书法以汉字作为艺术载体，既载于政治又载于文化。沙孟海通过书法诠释着对本民族文化的认同，但并非狭隘与自负的民族主义，而是以"知行合一"的方式，一方面通过书法在"知"上进行自我教育，来源于沙孟海关于书法教育论述"学问是终身之事……一方面多看多写，充分了解字体书体原委变迁，博取约守，丰富自己创作的源泉。另一方面还必须及早学会阅读古书能力，查考古书能力"。[4] 在自我教育过程中仍然把对书法经典的传承作为底色，要以"敬"之心对待书法经典，一方面要"静"，另一方面要"境"，二者是圆圈式运动的关系。书写能让人"知"止，知道停止便可"静"心，面对

浮躁不安的、虚无的社会，通过书写以"静"而后能"定"，"定"而后能"安"，"安"而后能"虑"，考虑周全与细致，向思想最深处思考安身立命之根本，"虑"而后能"德"，"德"而后能"境"。通过书写本身的自我教育唤醒人的内在深处的价值指向，并逐步影响其内在的精神气质，使书写成为有生命力的文化形态。另一方面在"行"上进行他者教育。沙孟海的书法教育在活动实践上通过以文来化人，要求"除技法外必须有一门学问做基础，或是文学，或者哲理，或是史事传记，或是金石考古……"[5] 在沙孟海看来，学问是提升书法教育质量的根本，在学习书法经典碑帖的技法之外要扎根文化沃土，以此通过作品表达书法主体的人格素养与审美情趣，字外功是笔墨精神的外化，它是对整体学科素养的集中检验，只有通过文化的根基才能使书法上升到文化认同的高度，才能体现文脉的相承与艺术的生命力。沙孟海通过"知行合一"的方式对书法教育从学科理论和学科建设上

沙孟海《百年树人》
沙孟海书学院藏

进行了深入的思考，逐渐丰富书学与书法教育体系。他认为"书法教育是书法普及的关键，亦是书法提高的基础"。[6] 书法作为本民族文化，以审美的玄思和道德的完善力量为灵魂创造生动的价值，通过书法感召文化的认同，通过"以美兴人、以美化人、以美立人、以美和天、立德树人"[7]的方式传递中华优秀传统文化精神。

沙孟海书法及书法教育的当代意义

前文基于现代性的反思，分析了新时代的文化认同，认为它要立足于中华优秀传统文化，要破解西方"现代性"的语境下的文化认同，要结合新时代精神，向新时代文化转变，这"不仅是所有知识事物的转变，而根本上是人本身的转变，是人的身体、欲动、心灵和精神的内在构造本身的转变；不仅是人的实际生存的转变，更是人的生存标尺的转变"。[8]任何事物都处在"变"的运动当中，这种现象的构成依赖于现实中的每一个个体，个体经验的表达或实践的参与都是文化表现的外化，变化意味着流动性的发展，也就是说现代性的文化认同终有扩张终结或转向衰落的时候，这是历史发展的必然趋势和规律。一种以注重内在心灵感受和生活意义的超越性，指向正在被建构的现代性下的文化认同终将被消解。在此背景之下，了解社会与文化发展现实的基础上，分析沙孟海书写及书法教育的当代意义，有利于揭开遮蔽的现实问题，将视角投向新时代，关注个体的经验走出历史与未来的宏大叙事，并获得沙孟海

书法与书法教育理念持续影响当代的合理性。

沙孟海以当代书坛泰斗的地位与教育家、学者的桂冠并称于世，他的书法理念与书法教育一脉相承，两者都源于沙孟海的学术思想和课堂教学实践，二者相互促进，更是相互影响。他将书写的实践经验转化为高等书法艺术教育活动，同时他的"书法教育思想，正是先生书学理论在近八十年创作实践书法教育活动中的延伸和体现"，[9] 开创了中国高等书法教育学科化体系，为当代书法及书法教育树立了典范意义。其一，沙孟海主张要继承传统，在他的自述当中详细介绍了怎样继承传统，提出了"转益多师"与"穷源竟流"的学习方法，"转益多师"即与古为徒，"兼学有关的碑帖与墨迹"，并解释"什么叫穷源？要看出这一碑帖体势从哪里出来，作者用怎样方法学习古人，吸取精华。什么叫竟流。要找寻这一碑帖给予后来的影响如何。哪一家继承得最好。"[10]并进行了举例说明，这体现了沙孟海在书写知识与技能的学习上需要继承传统。对当代书法而言，继承经典碑帖的笔法与技法是对继承正统书法的底线要求，根据书法技法发展的逻辑要求，保障了书法在外在形式上的法度绵延性，为培养创作意识向书法艺术转变提供了可能。其二，沙孟海在主张继承传统的基础上，要紧跟时代要求，跟上时代发展的总形势，尤其在面对传统与创新的关系问题上提出，要在书写的基础之上来进行创新。在沙孟海看来："唐朝人离不开唐朝的风格，宋朝人离不开宋朝的风格，这是时代风格。中国人离不开中国的风格，日本人离不开日本的风格，这是民族风

1987 年冬，沙孟海在浙江美院为中外学生授课（范葛邦摄）

沙孟海授课场景

沙孟海授课场景

格。今天，大家都在注意创造新风格的问题。个人看法，新风格是在接受传统、继承传统的基础上，集体努力，自由发展，齐头并进，约定俗成，有意无意地创造出来，丢开传统，是不可能从空中掉下一个新风格来的。"[11]沙孟海在书法传统问题上主张尊重书法本质，在对古典书法传统的延续的基础上进行创新，但这种创新并非凭一己激情的迸发与想象而得来，它是通过对传统的深入提炼，自然而然的与时代精神融合而来，这种融合是"有意无意"创造出来的，"有意"在于对传统的继承，"无意"在于能自由出新。将书法的书写知识与时代结合，一方面体现创作个体对时代文化的认可与实践，另一方面也标志着书法自身的先进性，只有笔墨随时代才能使书法在历史中呈现它的意义。创作者才能在书法的新风格中显现其内在价值，只有创造出有价值的创造之物才能体现书法本质的轴心力量与文化理想。在全球化语境之下，中国书法以本民族文化风格区别于其他民族风格，以此渴望得到民族身份确认与认同，无论是继承传统还是自由创新都会成为当代艺术中的一隅，进入到新时代的"文化认同"中去。其三，将书法的实用书写技能与人格特质相结合，以此显示当代书法的艺术性。书法作品的呈现如果仅仅停留在融合多种技法与构成技巧的结合上，那并不能体现书法的艺术性特征。当今书法作品有的只呈现出对单一技法的展现，此种作品说明书写者在书法的实用性书写技能上还没有过关，呈现的书法作品不够丰富；有的是多重技法的展现，而这种炫技式书法作品缺乏风格；有的依托于外在技术性手段，通过剪裁装裱、笔墨浓淡变化、书体搭配等样式展现作品的形式，缺乏艺术文学修养、传统文化思维、审美情趣等人格特质方面的内容，只能将其称为书法作品，而不能称之为书法艺术。因此，书法的艺术性在于通过重技重人，展现丰富的人格内在修养，传达个性，只有做到了这些，一件作品才可称为艺术创造。书法艺术体现于风格及个性的创造，沙孟海在《书法史上的若干问题》中指出："王羲之生在东晋时代，真、行、草书突过前人，号为'新体'。颜真卿崛起于中唐时代，承接北齐、隋代雄伟一派的书风，开辟新路。清代邓石如'以隶笔为篆'（康有为语），也是新创造，给后人不少便捷。"[12] 开拓精神是展现与发展书法艺术的根本，在需要创作热情的同时增加中国传统学术文化的滋养，在遵循书法艺术的基本规律的基础上，关注人格特质与综合修养，结合新时代将书法艺术创作上升到内在人格的外化的高度。

1 沙孟海著，朱关田选编：《沙孟海论艺》，《中国新文艺大系（一九七六－一九八二）书法集》，上海：上海书画出版社，2010 年，第 157 页。

2 倪旭前：《沙孟海书法的文化精神刍议》，《学术交流》，2013 年，第 10 期，第 182 页。

3 周睿：《书法教育与民族文化认同》，《江苏教育》，2017 年，第 93 期，第 21 页。

4 沙孟海著，朱关田选编：《沙孟海论艺·与刘江书》，上海：上海书画出版社，2010 年，第 194 页。

5 同上。

6 沙孟海著，朱关田选编：《沙孟海论艺·〈中国新文艺大系（一九七六—一九八二）书法集〉导言》，上海：上海书画出版社，2010 年，第 15 页。

7 王一川：《中华美育精神的内涵和特质》，《中国艺术报》，2018 年 9 月 11 日。

8 刘小枫：《现代性社会理论绪论》，长春：吉林人民出版社，1998 年，第 19 页。

9 张韬：《沙孟海研究（上卷）》，杭州：西泠印社出版社，2014 年，第 276 页。

10 方波：《中国现代书法大家（沙孟海卷）》，北京：北京师范大学出版社，2015 年，第 41 页。

11 沙孟海：《沙孟海论书丛稿》，上海：上海书画出版社，1987 年，第 186 页。

12 同上，第 184 页。

林散之《思谦同志邀游燕子矶，因病负约情殊惘惘，作诗四首以志所怀，并示浦镇人耘世弟共博粲耳》
林散之纪念馆藏

拾 遗

拾 遗

大笔存史诉真宰：

傅抱石纪念馆馆长解读1.38亿的傅抱石《大涤草堂图》

黄戈

2020年嘉德秋拍傅抱石经典名作《大涤草堂图》以加佣金1.38亿元的成交价再次引爆艺术收藏界和书画圈。"傅抱石"的品牌效应和价值体现再一次得到有力的印证，作品本身带来的艺术感染力为人们津津乐道，而其作品背后的故事往往鲜为人知。经过沉淀后的思考滤去的是喧嚣与浮躁，回归理解傅抱石艺术价值的本质就在于对作品的解读和诠释，我们就从这张脍炙人口而又弥足珍贵的传世佳作中去细细品味"傅抱石"无穷的魅力。

傅抱石《大涤草堂图》为立轴，纵84.5厘米、横58.5厘米，纸本设色，1942年3月作，上有题识：大涤草堂图（篆书）。石涛上人晚岁构草堂于广陵，致书南昌八大山人求画大涤堂图。有云：平坡之上，楞散数株，阁中一老叟，此即大涤子大涤草堂也。又云：请勿书和尚，济有发有冠之人也。闻原札藏临川李氏，后展（辗）转流归异域。余生也晚，不获睹矣。今经营此帧，聊记长想尔。民国

三十一年春于重庆西郊，傅抱石（小楷）。有钤印：白文方印"抱石长年"，朱文印"抱石斋"。

石涛致书乞八大画的交往史料，实际来自现藏美国普林斯顿大学美术馆一封石涛致八大的信札。此信札原为张大千旧藏。有趣的是，2019年上海的刘海粟美术馆策划过一个馆藏学术研究展"天潢贵胄——从馆藏石涛、八大山人合绘《松下高士图》谈起"，展览通过一幅刘海粟美术馆馆藏石涛与八大山

元氣淋漓真宰上訴

八大山人大滌草堂圖
未之見於世予欲見之而
難吳加頭山也
悲鴻懽喜贊嘆題
壬午之秋

傅抱石《大滌草堂图》
私人藏

《致八大山人信札》封面（张大千题签）

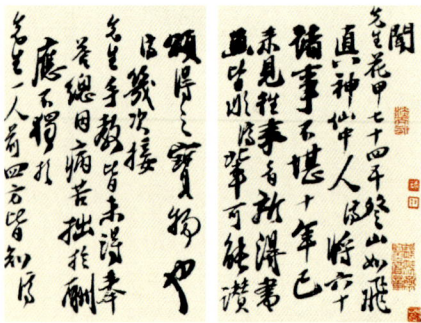

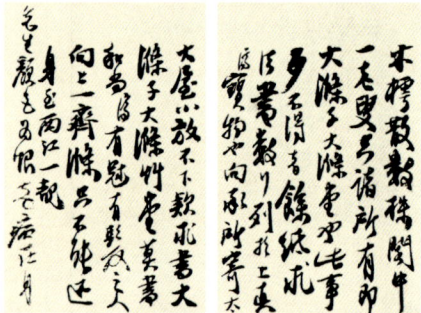

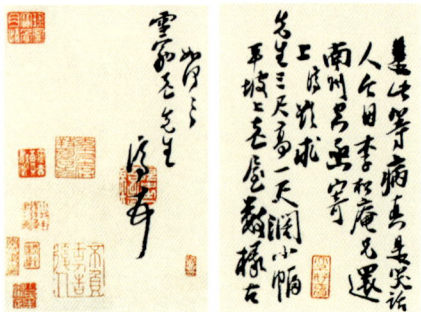

清　石涛《致八大山人信札》
普林斯顿大学美术馆藏

人合作《松下高士图》的鉴藏研究及相关资料的梳理、对比和阐释，细致而详尽地揭示石涛与八大山人交往、交流及相互关系的种种史实真相，并把张大千藏鉴、造史、作伪的种种案例巧妙地发掘出来，重新讲述那些尘封已久的故事。其中涉及这封信的内容几乎就是傅抱石创作《大涤草堂图》的"史实"源头："……济欲求先生（指八大山人）三尺高，一尺阔小幅，平坡上老屋数椽，古木樗散数枝，阁中一老叟，空诸所有，即大涤子大涤堂也。……向所承寄太大，屋小放不下，款求书：大涤子大涤草堂，莫书和尚，济有冠有发之人，向上一齐涤。……"[1]这段史实的真实性即使在民国时期也令人心生疑窦。据策展人沈虎得出的论断："张大千曾经收藏此石涛致八大求画《大涤草堂图》信札，给他伪造提供了依据。"扑朔迷离的信札，真假难辨的画作，围绕张大千的历史悬案至今还未明晰，学者们毋宁相信是"游戏之作"："现在世间流传几件石涛与八大合作的画，经过专家考鉴，基本上是张大千按信札内容所仿制的游戏之作。"[2]只不过有张大千仿作嫌疑的数幅"大涤草堂图"在画史上并无太大分量，或是学术界证伪的凭据，或是研讨张大千造假水平的谈资，但仅凭一个近乎传说的史实而创作出画史上的经典名作，恐怕只有傅抱石的《大涤草堂图》了（后文详述）。究其原因，我认为三个要素起到重要作用：金刚坡下、石涛史画、悲鸿品评。

金刚坡下

据《傅抱石年谱》载《大涤草堂图》作于1942年3月，也就是傅抱石艺术迸发并成熟的壬午年。但凡了解傅抱石艺术经历的人都应该知道傅抱石在壬午年前后四川重庆金刚坡下的抱石山斋中的天才

傅抱石全家在重庆金刚坡下"山斋"合影
（约 1941 至 1942 年摄）

傅抱石全家在重庆金刚坡下"山斋"合影（约 1941 至 1942 年摄）

创作，这是其个人绘画风格形成、成熟，并获得巨大声誉的最重要时间节点、历史场域之一。而在重要的节点中产生的重要作品，无疑是产生传世之作的关键要素，《大涤草堂图》符合上述所有条件，这些撑起其在美术史上的赫赫声名。众所周知，傅抱石"金刚坡时期"的作品一直以来受到业内认可与市场追捧，关键一点在于其对笔墨的创造性发展，即对"散锋笔法"的精深理解、学术梳理、圆熟运用及相关技巧、程式的风格化表达。很多人痴迷于"抱石皴"的苍茫峻厚与水渍墨韵的淋漓畅快，尽管对"抱石皴"的学术说法仍有商榷异议之处，但傅抱石的山水画出了"那气势雄伟又多雾滋润的山峦，植被繁茂，又可见山骨嶙峋的复杂结构"，正如傅抱石自己坦言："至于这种皴法叫什么名字不重要，关键是看画的效果。"[3]

傅抱石确实没有辜负四川的山山水水，就以这张《大涤草堂图》来说，雄健沉厚的笔势与淋漓古雅的墨色相得益彰，乱头粗服中不失精微谨严，全画隽秀蕴藉又不失撼人气魄，它折射出抗战时期寄寓在巴蜀之地的傅抱石对中国美术精神的自信与自强，只有这种特殊的历史情境和自然条件下才会激发出画家"沉着的、潜行的积极性"，展露出画家亟待的"中国画需要快快的输入温暖"，践行着画家具有的高度民族自尊和文化自觉，"中国人如果永远不放弃山水画，中国人的胸襟永远都是阔大的"[4]。或许是时代选择了傅抱石，或者是傅抱石在那个激情澎湃的时代背景下才情挥洒，让这幅《大涤草堂图》具备了能够反映时代、见证历史的社会价值和深远意义。

《大涤草堂图》
永原织治旧藏

石涛史画

在傅抱石《壬午重庆画展自序》中
特别提到了创作路线的四个方向，特别是
"第三条路线"充分的说明了《大涤草堂
图》的题材来源和创作构思："《大涤草堂
图》是石涛曾写过信请八大山人画的一个
题目，八大山人当时画了没有不可考，不
过一九三六年东京举行的'明末六大家展'
有一幅八大山人的《大涤草堂图》，石涛
并在画上题有七古长诗，收藏者是在大连
做医生的长兴善郎氏。这画的照片我看过，
真假很难说，然布局不与石涛信上所要求
的相合。我这幅是取题材于石涛的信，而
以石涛曾别署'大树堂'故特画几株大树
做主题，左方作草阁，阁中一人，即是大
涤子。"[5] 事实上，傅抱石并未见到过有关
石涛致函八大山人乞画"大涤草堂图"信
札的真迹，而其根据的"乃是永原织治所
收藏的张大千所做之伪本，同时所见过八
大山人所画'大涤草堂图'之照片也是张
大千所伪作的。"[6] 这段美术界的学术公
案能够成为傅抱石创作题材来源的重要的
"第三条路线"，即"营制历史上若干美的
故实"[7]，根本原因在于"这自是我多年来
不离研究石涛的影响，石涛有许多诗往来
我的脑际，有许多行事、遭遇使我不能忘
记"。[8] 这一特点源于傅抱石善于把学术研

傅抱石《山水图》
朵云轩藏

究与实践创作无缝衔接，使自己的作品具有鲜明的"史画"特点，"我的画笔之大，往往保存着浓厚的史味"。[9]正如傅抱石作《大涤草堂图》，画面中注入了大量个人的想象与情感，"企图把石涛的一生……写成一部史画，来纪念这伤心磊落的艺人"。[10]

傅抱石对石涛兴趣由来已久，甚至到了痴迷程度。据傅抱石学生张圣时回忆："傅师从小便爱好石涛的画、诗、文、字、人品，长而愈笃。故把自己的名傅瑞麟改为傅抱石，并为孩子取名小石、二石，给学生取名寒石。又刻了一个'抱石斋'图章盖在画上，自己作了四言十句：'一生订交，两代情深，三生有幸，四体不安，五内如焚，六欲皆空，七情难泯，八拜之交，九死不悔，十分向往。'

画常以石涛诗为题……"[11]作为20世纪最重要的石涛研究开拓者和研究者之一，傅抱石在客蜀时期"绘制关于石涛人生行迹和相关内容的石涛'史画'共19帧，属于傅氏'明清之际'系列37帧故实画中最重要的一部分作品"。[12]这幅《大涤草堂图》之所以引人注目，在于充分体现出傅抱石创作"故实画"的典型特征："以'故实'为基本内核，同一'故实'被不同时期的描绘者撷取、思考、阐释并再度创造。"[13]同时呈现出故实画惯常构图形范式：传统故实画一般具有"小人物、大山水"构图特点，将精微的人物置于宏阔的山水场景中，打破人物画与山水画在题材类型、风格图式上的界限，而在本质上这是一种人物画的变体、山水画的拓展或者可以看作人物

1942 年傅抱石（前排左一）与中央大学美术系同仁为欢迎徐悲鸿（前排左二）由南洋归国而聚会

画与山水画的结合，"第三条路线我须特别声明，这是人物画家一条主要的路线，虽然部分的也使用于山水画家，而画面的表现是变质的"。[14] 又在画面题识上详尽地说明具有故事情节的典故、缘由、出处，正如傅抱石自己所说的："根据我研究的成果而画面化的，并尽可能在题语中记出它的因缘和时代。"[15] 据记载，傅抱石先后创作此类作品四幅，流传较广的有两幅，而此幅最为经典。[16] 典型题材中的经典作品，无疑让这张《大涤草堂图》充分显示了历史源流和艺术价值。

悲鸿品评

如前所述，这幅《大涤草堂图》上有傅抱石非常详尽说明创作缘由的题识，更为重要的是此画加持了徐悲鸿在诗塘上的题跋，这两段文字包含了画作说明、品评，二者的书法相互映衬（一楷一行），与朴茂沉雄的画风搭配起来堪称书画双璧、浑然天成。特别是两段书写文字无意间把石涛、八大山人、徐悲鸿、傅抱石四位划时代的画史巨匠勾连在一起（外加张大千隐匿的参与），无形中成为中国画大师的一次穿越时空的历史对话。可以说，书法与绘画共同构建了"大涤草堂"画题的经典形式，而这样一种形式囊括了极为丰富的信息量，给人无限遐想的空间。有关徐悲鸿与傅抱石的关系在艺坛一直被传为佳话，而对《大涤草堂图》来说，傅抱石对徐悲鸿的题跋充满了感激、荣幸之情："此画曾承徐悲鸿先生惠题，使我更感光荣。"[17] 而徐悲鸿的对此画的欣赏也溢于言表，从他的题跋中可以看出："元气淋漓，真宰上诉。八大山人《大涤草堂图》未见于世，吾知其必难有加乎此也。悲鸿欢喜赞叹题，壬午之秋。"[18] 画题的真伪在这里似乎并不重要，画上的题识暗含着两位画坛巨匠的惺惺相惜和珍贵情谊。毫无疑问，壬午 3 月成稿的画作，在当年秋天即获得徐悲鸿这样在当时声誉正隆的艺坛领袖的赞誉、题跋，更加奠定了此画的收藏意义和学术定位。

综上所述，1942 年对于傅抱石来说注定是不平凡的一年。壬午年前后的画作大都被后世的学者归之为傅抱石的"金刚坡时期"，代表了傅抱石艺术的振起与高峰，而其代表作之一即这幅《大涤草堂图》。这幅画一直作为傅家的私藏被反复展览、刊印，不完全统计有近 40 次被不同的出版物、画册著录，几乎参加所有有关傅抱石的大型画展，其学术价值不言而喻。而市场是艺术品最好的试金石，经过市场价格的验证，这幅作品的价格也在某种程度上体现出其最真实的社会认可度和影响力。我相信《大涤草堂图》不仅仅是作品本身的艺术水准，而是种种因素造就它成为反映一个时代的经典标识与历史烙印。

1 沈虎：《解析石涛、八大合绘松下高士图》，刘海粟美术馆"天潢贵胄——从馆藏石涛、八大山人合绘松下高士图谈起"展览图册。

2 沈虎：《解析石涛、八大合绘松下高士图》，刘海粟美术馆"天潢贵胄——从馆藏石涛、八大山人合绘松下高士图谈起"展览图册。

3 徐善：《傅抱石谈艺录》，郑州：河南美术出版社，2000 年，第 49 页。

4 徐善：《傅抱石谈艺录》，郑州：河南美术出版社，2000 年，第 73 页。

5 傅抱石：《壬午重庆画展自序》，转引自《傅抱石美术文集》，上海：上海古籍出版社，2003 年，第 330 页。

6 张国英：《傅抱石研究》，台湾师范大学美术研究所硕士论文，第 122 页。

7 傅抱石：《壬午重庆画展自序》，转引自《傅抱石美术文集》，上海：上海古籍出版社，2003 年，第 325 页。

8 傅抱石：《壬午重庆画展自序》，转引自《傅抱石美术文集》，上海：上海古籍出版社，2003 年，第 328 页。

9 傅抱石：《壬午重庆画展自序》，转引自《傅抱石美术文集》，上海：上海古籍出版社，2003 年，第 328 页。

10 傅抱石：《壬午重庆画展自序》，转引自《傅抱石美术文集》，上海：上海古籍出版社，2003 年，第 329 页。

11 张圣时：《傅抱石与石涛》，转引自《其命惟新——傅抱石百年诞辰纪念文集》，郑州：河南美术出版社，2004 年，第 313 页。

12 张鹏：《希古与幽怀——傅抱石的人物故实画》，北京：中华书局，2020 年，第 227 页。

13 张鹏：《希古与幽怀——傅抱石的人物故实画》，北京：中华书局，2020 年，第 13 页。

14 傅抱石：《壬午重庆画展自序》，转引自《傅抱石美术文集》，上海：上海古籍出版社，2003 年，第 328 页。

15 傅抱石：《壬午重庆画展自序》，转引自《傅抱石美术文集》，上海：上海古籍出版社，2003 年，第 329 页。

16 伍霖生：《傅抱石二三事》，《美术家》，第二十六期，1982 年，第 19 页。

17 傅抱石：《壬午重庆画展自序》，转引自《傅抱石美术文集》，上海：上海古籍出版社，2003 年，第 330 页。

18 叶宗镐：《傅抱石年谱》，上海：上海古籍出版社，2004 年，第 49 页。

拾 遗

大师的收藏之道：
程十发与其藏黄公望等元代山水画研究

单国霖

"唐宋元明梦一场，前人窠臼好思量。千家万法镕成我，我为千家哺后生。"抱着这样的目的，程十发先生数十年来悉心聚集了为数 170 余件的古代、近代书画名家作品。

程十发先生是当代艺坛上当之无愧的一代大师，同时也是收藏有丰富古代近代书画作品的鉴赏家和收藏家，只是他的鉴藏声名为画名所掩，知晓者不多。程十发先生为了使藏品在弘扬中华优秀文化传统方面发挥更大的作用，将几十年花尽心血收藏的古书画作品和自己创作的作品，先后两次捐赠给国家机构。第一次在 1996 年 6 月，他将家藏古近代书画作品 122 件捐赠给上海中国画院，后者为此专辟了"程十发藏品陈列馆"，供社会公众观赏和研究。第二次是在 2005 年 11 月，发老又将家藏元明清等名家作品 51 件和本人代表作 16 件，共计 67 件作品，捐赠给家乡松江，现由程十发艺术馆收藏，该馆于 2009 年 4 月正式对外开放，成为又一个艺术鉴赏的殿堂。

程十发在 1992 年题学生汪大文旧临发老画八种跋中云："唐宋元明梦一场，前人窠臼好思量。千家万法镕成我，我为千家哺后生。"画家对传统的了解、认识和研习，固然可以通过参观博物馆、美术馆，或观摩收藏家、画友家藏艺术作品等多种方式实现，然而最为直观、有效的方式是自己搞鉴藏活动。十发先生正是抱着这样的目的，数十年来悉心聚集了为数 170 余件的古代、近代书画名家作品。通观他的藏品，大致可归纳出他的三个收藏特色。

首先，十发先生偏重元明清文人画系统书画作品搜集。如元代文人画领挈人物钱选、赵子昂，元四大家中黄公望、倪瓒、王蒙，明代吴门画派中沈周、文徵明、唐寅、陆治，松江画派中董其昌、陈继儒、赵左，明末个

元　王蒙《天香书屋图》
程十发艺术馆藏

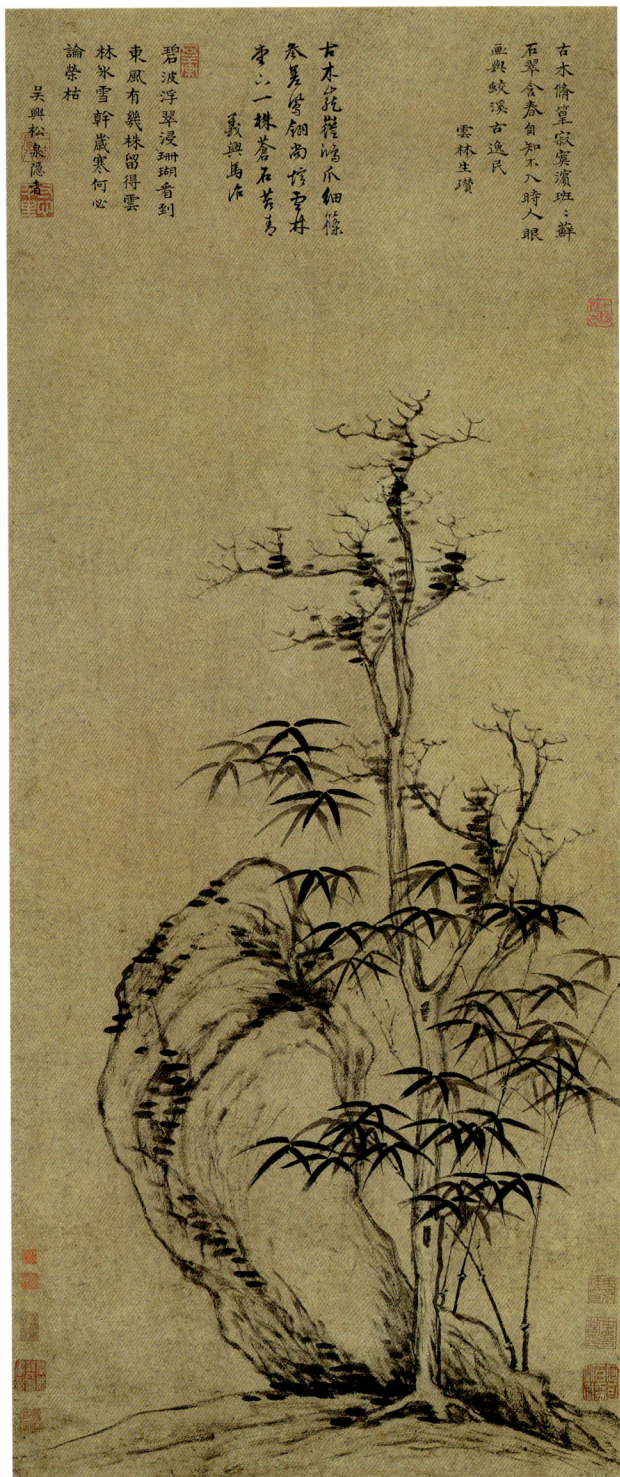

元　倪瓒《古木修篁图》
程十发艺术馆藏

性派书画家徐渭、丁云鹏、陈洪绶、王铎，清初四僧中的弘仁、朱耷、石涛，清六家中的王鉴、王石谷、吴历、恽寿平，扬州画派中的华新罗、金农、郑燮、黄慎、罗聘、闵贞等，近代海上画家中的虚谷、任伯年、吴昌硕等，这些都是在书画史上闪烁着熠熠光辉的大家名家，都有画迹、书作收入发老的囊箧，这诚是不易之事。

发老通过对这些作品细细揣摩、研究甚至临摹，感性地理解和领悟前代文人画家的学识、修养，以及他们艺术中蕴含的高雅、清逸的情韵，这自然而然地构成了他艺术中雅致、潇洒的底蕴。在后来的艺术探索中，他将学习传统的范围扩延到汉石刻、民间皮影、剪纸、版画、泥塑等各种艺术样式，色彩趋于艳丽斑斓，线条富有柔和流动的抒情性，造型形象活泼、开朗，内容贴近现代生活，通俗生动，但这是顺应着时代需求的改变，不由得画家。然而正如毛时安先生在《时代的智者，艺术的天才》一文中所说的："于是，我们看到，民间艺术和文人画的对峙在他笔下奇迹般地化解，奇迹般地整合。程十发创造了一整套和那个时代相连但又绝对属于他个人的艺术符号体系。"在发老的画中，雅与俗、拙与巧、柔与刚，既对立又统一，两者和谐配置，交织混融，不露痕迹。

脩竹远
山畔是
鹤暮
霭横
看雪
文全
庚午冬
程挹发画

程十发《临黄鹤山樵笔意》

　　十发先生在中青年时曾临摹过多幅古代名画，他画过《临黄鹤山樵笔意》《临黄鹤山樵葛稚川移居图》《临马文璧乔岫幽居图》等，可见他对传统的学习是下过基本功的。此外从他的一些题跋中，也可了解他对传统理解领悟之深刻。他题跋自藏元曹知白、颜辉《古木筱石图》云："古木竹石图是元季大家法绘，竹边留有云西一印，柯枝隙间尚存秋月一章，不疑为曹云西、颜秋月合作真笔乎，而藏章可识者有陈白沙（明陈献章）、夏仲昭（明夏昶）、王窀斋（明王宠）、法黄石（清法若真），尚有明季藏印数家，未及详考，数百年来递藏法家

程十发和他临的元代画合影

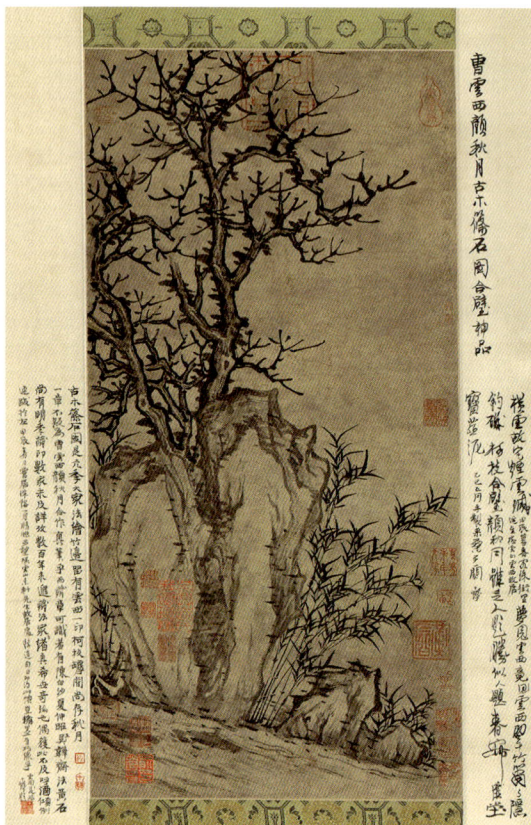

元　颜辉、曹知白《古木筱石图》

程十发艺术馆藏

有序，真希世奇迹也。偶获此不及呼酒倾倒，连跋于左。甲辰（1964）
春日尝居珠溪一月，晴窗可望横云山素庵先生（曹云西）故居处，
归数旬即得此帧，岂翰墨有巧缘乎。云间后学十发题。"在此长跋中，
发老从此无款图上的印章考出为元颜辉、曹知白的合作，并从藏印
考其流传经过，说明他是下过一番考据工夫的，跋中也透露出他获
得云间前贤真迹后的狂喜心情，来不及饮酒就即兴题跋。

　　元马琬《紫芝泉图》裱边有发老长题曰："十余年前客持此山水
图觊我，云是文衡山（徵明）早年笔也。余审其所以，乃马琬真迹，
款题'文璧'，乃马琬之字，非文衡山早岁之名。'紫芝泉主人'为
钱塘俞和高士，己酉是洪武二年（1369），朱明定鼎之初，俞和隐居
于紫芝泉，此泉位在西湖之西南隅，一如画中所写，近有幽壑，远

元　马琬《紫芝泉图》

程十发艺术馆藏

琴鹤轩图

至正庚寅五月六日大痴道人黄公望作

枕之江，或即高士结茅之风景。唯有明张孝思（则之）一方藏章，至今日已有六百十年矣。然纸墨尤新，神采焕然，岂物中之悭者乎。己未（1979）首夏自武林归来灯下记。云间程十发。"再跋又题："马文璧原为秦溪人，至正十年（1350）前后迁居云间青浦，故又为松江人，曾从黄大痴（黄公望）游，为一峰高足，与名士杨维桢、杨竹西、陶九成（陶宗仪）辈交往甚洽。此帧《紫芝泉图》为其传世最晚年笔，时洪武二年（1369），翌年又官金陵，四年前即至正廿六年（1366）曾写《春山清霁图》，笔墨与此图近似，师法大痴，而上溯董源，鉴为马文璧传世珍品。丁卯（1987）二月十发又题。"发老进一步从画风考察，系从黄公望上溯董源，并与传世其他作品风格相合，经缜密考鉴，确认此图为马琬晚年真迹。

发老于丁卯（1987）题黄公望《琴鹤轩图》："琴鹤轩图，琴鹤轩为元季钱塘镇高士钱以良之居处，以良善鼓琴，临《晋人帖》，详见吴兴沈梦麟于明洪武十五年

元　黄公望、王蒙《琴鹤轩图》
程十发艺术馆藏

（1382）所撰《琴鹤轩记》。此图为大痴道人庚寅（1350）五月所作，并由黄鹤山樵缀成，是年道人正八秩耄年，是月五日，道人居云间知止堂，为无用师题自画未竟之《富春山居图》，山樵是年约四秩许，少长合作默契。孔少唐（广陶）评为'有巨然风'，见《岳雪楼书画记》著录。大痴道人笔墨变幻莫测，犹云中龙。今二家合璧，弥珍贵，故检题于耑，以俟同好共心赏之。图成六百三十七年，岁在丁卯（1987）上巳前一日，云间后学程潼记于三釜书屋。"跋中对此图考核甚为详尽，引用有关史料，论证准确，若非有广博的文史和美术史知识，焉能如此精细入微，正可谓慧眼识宝。

从以上几则发老对元代三件大家名迹的题识中，可以看到他鉴识功力之深，目光之睿敏。他将收藏与学术研究结合起来，通过鉴藏活动，增加了学识修养，提升了鉴赏水平，鉴定眼光越来越敏锐，由此搜集到许多大家名家的真迹，充牣斋室，琳琅满目。

发老倾力收集文人书画家作品，日夕摩挲，从中揣摩前贤们的表现技法，自不待言的，从他的创作中，可以窥见诸多文人画的技法元素，尤其在山水画方面。他早岁曾画过仿古山水，如《青绿山水轴》（1943年）、《临马文璧乔岫幽居图》（1948年）《仿黄鹤山樵图》（1948年）等，颇得古人笔墨神韵。在后来的山水画创作中，也可看到黄公望柔婉松秀的皴法、王蒙缜密灵动的勾皴法、石涛泼辣的水墨点染等技法元素。在花鸟画领域，华新罗的小写意技法、八大山人泼墨大写意法等，也被融化在他的技法语汇中。至于人物画，他对陈洪绶、任伯年的心仪取习，更是显而易见的。

发老对文人画的另外一个重要借鉴，是吸收他们抒发主观情意的创作思想、注重意境的表达、讲求笔墨情趣等理性层面的理则，不局限于技法性的取习。在他的绘画里渗透着文人的书卷气息，尽管他很多作品是表现现实生活和世俗内容，但形式上却有着清新雅致的美感，产生雅俗共赏的效果。

其次，十发先生青睐于收藏家乡松江地域的书画家作品。这些作品表达出他眷恋家乡的浓厚乡情，同时也反映出他传承松江悠久文脉的志向。在他的收藏中，以明董其昌为首的松江画派书画家作品占有相当的分量。如他捐赠给松江"程十发艺术馆"的董其昌《秋山图》《行书序冯少墟先生集》《行书汪宾石先生行状》《行书五言诗卷》《行书七言诗轴》，陈继儒《仿倪云林山水图轴》《行书梅花诗卷》等，以及捐赠给上海中国画院的董其昌《云山图轴》《溪山秋霁图轴》《摩诘诗意图轴》《山水书法合卷》《行书消夏集册》等，都为珍贵的乡贤墨宝。他虽然很少直接取用董其昌的笔墨技法形式，但

程十发《仿倪云林笔意》

程十发《临王蒙葛稚川移居图》

董氏讲究学识修养，在画中追求诗意和禅意的精神，在发老的绘画中时时透现出来。诚如他自题《禅意梵音图》上云："山水画源自天然浑沌，无谓南北宗，莫是龙、董其昌分南北宗之说，无非借禅机而倡意境，而轻技法。今先后已有三百年矣，已历十劫，余再变其说，使南北合宗，所谓分久必合，合久必分。若思翁在座，亦必捻髯而首肯乎。戊辰（1988）盛暑，程十发并记于修竹远山堂。"禅意画构成了发老山水画中一种特殊格调。佛门普陀山长老信理在《孤绝道回，雪岭梅寒》一文中这样评道："发老创作于20世纪七八十年代的一些带有浓厚禅意的写意水墨，让人充分领略到石涛、八大、虚谷等人的笔墨情趣和深厚学养，并汲古开今，将禅宗文化用笔墨技法表现，发挥得淋漓尽致。那件件水墨作品摄人魂魄，洗涤人心灵，让人油然生出一种立于孤峰之颠，'前虽有古人，后不望来者'的孤绝慨叹。"可谓是知音之言。

最后，发老十分留意搜集可供他直接借鉴吸收技法元素的书画作品，尤其倾心于丁云鹏、陈洪绶、任伯年等人，这些画家都是富有个性的人物画巨匠，他们主要运用线描刻画形象，作品带有夸张、变形的造型倾向，表现出浓厚的装饰趣味，这很合乎发老的审美观念，他从这些画家的作品中吸取了有用的营养。加之他长期从事连环画创作，又吸收了梁楷、牧溪和扬州画派中闵贞、黄慎等人的写意性线描手法，逐渐形成了发老独有的"程派"线型，在画坛上别树一帜。他的线型从早期的比较规整流畅逐渐向恣肆跌宕的方向演进，他画画的行笔并不十分迅疾，而是慢行笔，多用转笔，线条迟涩，富有金石味。在他晚年，线条的粗细、轻重、方圆、刚柔、疏密、浓淡、枯润、虚实，变化无穷，有时细如游丝，有时粗放泼辣，有时侧笔掠刷，甚至形成墨块和色面，产生跌宕跳跃、活泼灵动的线条美感，这种强调笔墨自身美感的理念，正是文人画的精髓。

发老对前代画家线条的研习是很深刻的，并将之融入他的形式语汇中。正因为理解得深，故而他对这些画家的技法特征、艺术风格乃至笔墨意蕴了然于胸，对这些画家作品的鉴定把握也极其准确，他所收的陈洪绶、任伯年作品数量不少，然而俱为真迹，且多

精品，如陈洪绶的《燕居图》《判面图》《簪花曳杖图》《蒲觞钟馗图》《索句图》《罗汉礼佛图》，丁云鹏的《佛图》，任伯年的《龙女补衮图》《东山丝竹图》等，都称得上是艺术精湛的珍品。发老通过收藏古代书画墨迹，极大地提高了艺术学养，并为创作提供了直接的学习范本。他对所藏书画进行深入的学术研究，对传统的理则和技法有了更真切的理解和认识，这使他在创作中能自如地运用传统的手法和技法，也提升了对传统书画的鉴定水平。他在晚年，鉴定眼光愈来愈睿敏，我记得他在"文革"前还是上海博物馆文物鉴定委员会的委员，一起参与上博鉴定和收购文物工作，跻身于文物鉴定家的行列，他的收藏在上海书画界负有盛誉。

发老晚年将他一生历尽心血收藏的古代、近代书画精品，悉数捐赠给上海中国画院和松江"程十发艺术馆"，化私器为公器，这是一种无私奉献的伟大精神，正如他自己说过的："千家万法镕成我，我为千家哺后生。"他的藏品将永远为人民大众提供珍贵的精神财富，成为松江地域文化宝藏，播馨八方，延泽后世。

林散之诗稿墨迹，
看"当代草圣"20 年功力

衡正安

《诗稿墨迹》的内容，来自于 1996 年从私人手中征集、收藏的共 200 多页诗、画稿，其中诗稿 180 余页，计 200 余首，画稿 17 页，诗稿记载了林老 20 余年间诗词创作。

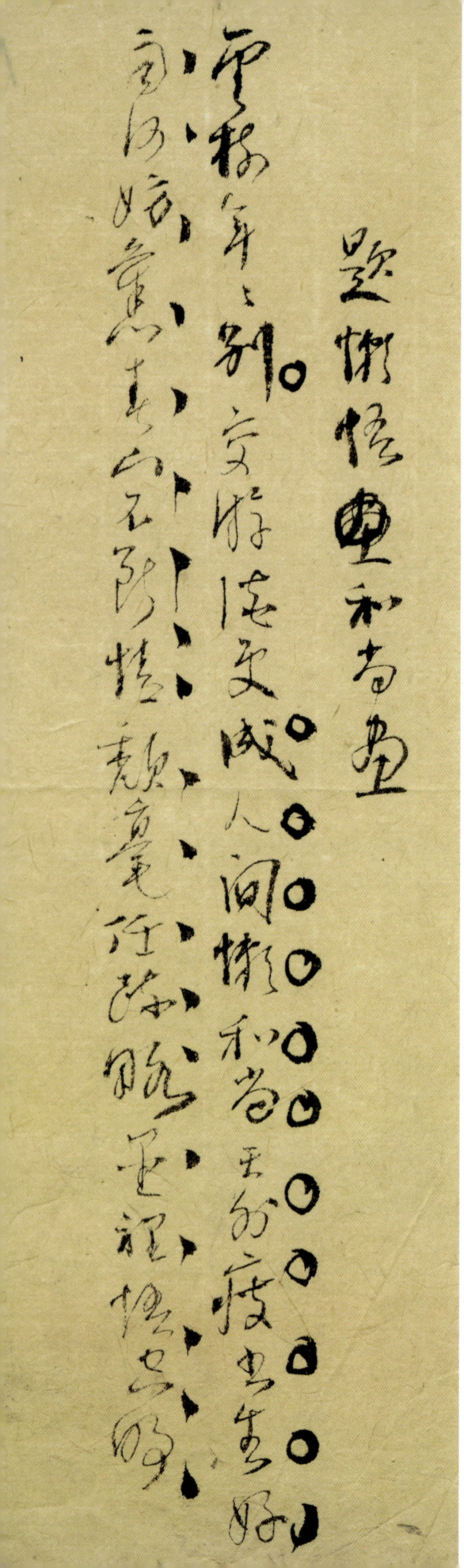

林散之《题懒悟和尚画》
林散之纪念馆藏

林散之

　　林散之，一位响彻当代书坛，比肩古人，耸立于 20 世纪的书法巨匠，以其"诗书画"三绝，成就了自己的艺术世界，赢得了书法史上最高荣誉"当代草圣"之名，为我们树立了一座书法艺术高峰，将中国书法推向了崭新的艺术境界。这里，我们对林散之纪念馆《馆藏林散之先生诗稿墨迹》（以下简称《诗稿墨迹》）做简要地介绍和艺术赏鉴，以祈对先生的敬仰并就教于方家。

　　《诗稿墨迹》的内容，来自于 1996 年从私人手中征集、收藏的共 200 多页诗、画稿，其中诗稿 180 余页，计 200 余首，画稿 17 页，诗稿记载了林老 20 余年间诗词创作。其诗内容甚广，几乎涉及生活的方方面面，有感怀人生、寄情山水的，有咏叹历史、和韵友人的，有读书写字、临画作文的，更有人生感悟、启迪思想的，表现出林老丰富的生活、学习、交游、思考的人生阅历，让我们深刻地感受到林老细腻的情感世界和斑斓的艺术境界，为我们研究、了解林老真实的艺术思想打开了一扇独特的窗口。

　　林老以书法饮誉海内外，但其诗成就不俗，甚为自得。他自认为在其"诗书画三绝"中诗第一，画第二，书第三，其自署墓碑上称诗人林散之。当然这是个人的看法，不一定客观，有个人的情感因素在其中，不过社会对其评价也不一定正确，因为各自的角度和感受不同。当然，

南京市书法印章展览会
（前排左三为林散之）

他在诗词创作上所花的功夫之深、时间之多，这是事实。据家人和朋友回忆，他整日沉浸在自己的诗词创作之中，几乎到了废寝忘食的地步。林老作诗是有童子功的，16岁就亲手整理装订了自己的诗集，且一生作诗不辍，直至生命的终点，其诗作的数量也相当可观，个人诗集《江上诗存》，共收入自作诗2300余首。

下面，我们先来谈谈林老的诗。林老的诗有两大特点，一是通俗易懂，少有艰涩；二是自然而然，不忸怩作态，这是作诗的很高境界。如《再和吟秋》："笑堕书城六六春，老来风格更天真。自家面目自家见，写入黄庭取谷神。"还有《再题士青画梅》："月明湖上见风华，冷入孤山处士家。我爱士青清似汝，自磨古墨写梅花。"林老大部分诗就是这样平平淡淡、直吐胸臆，但感情真挚、率意。要想了解林老诗的特点是要了解林老这个人和那个时代的，正如孟子所云："颂其诗，读其书，不知其人，可乎？是以论其世也。"（《孟子·万章章句下》）所以，要读懂林老的诗必须了解林老其人，更要了解其"事"。林老生活的时代是古体诗最不彰显之时，是新诗振兴之时，另外也和林老的取法有关，林老的诗早学盛唐后学初唐，虽取法唐宋诸家但对杜甫情有独钟，其朴实无华的风格正源于此。他自言："余学诗，

林散之《思谦同志邀游燕子矶，因病负约情殊惘惘，作诗四首以志所怀，并示浦镇人耘世弟共博粲耳》

林散之《祝陵六首》

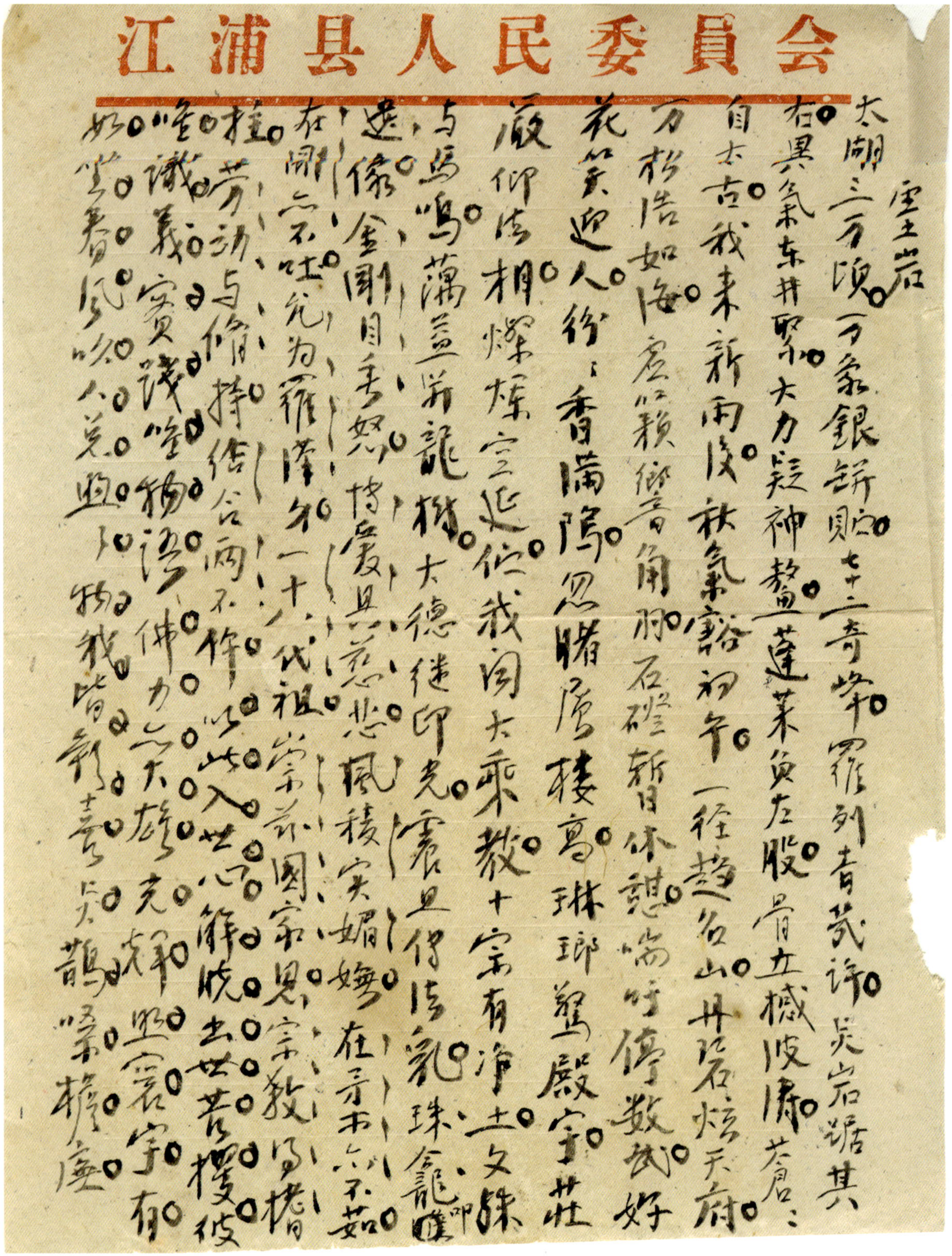

灵岩

太湖三万顷，可容万条银练即□，七十二奇峰罗列青芙蕖□□岩□，其右異气东井累□大力矩神鳌□蓬莱资左股骨立械坡廉□苔□，自太古载来新雨後秋气容初气□，一径趋名山丹砂石烂天府□，万松浩如海庐师籁箫角羽石磴新苔休憩尚峄傅教数城好□，花篱迎人俗□，香满隄忽睹隐楼高琳琅鸳殿宝庄□，嚴仰涂相煇煇三延你我同大乘教十宗有净土文殊□，与马鸣菩萨大德徙印光霓且伊传龛珠龙雏□，遂徐金刚目无熙博爱畏惡悲风积实媚嬬在弄末未不嘉□，在闾宗不吐究圆为罗漢知一十代祖崇新圆国家恩宗教风楷役□，崔芳动与偸持徐合两不作□此入此心薛候出世菩樱役□，唯识義宾诚喳谝□佛力六不雄克晓郑畑宠宇有□，好篇警风听八无越知物我皆新幸喜知龙嗥第根庆□

林散之《灵岩》
林散之纪念馆藏

先从含山张先生，宗盛唐，后改中唐，力宗少陵，为之弗辍。韩氏为百代所宗，又勉为之，宋之苏黄，变唐之体，由唐而宋，不倦也。"他还说，写诗要少用典，即便要用也要用得好，用得活。林老的诗得到了当时文化界诸多名家的肯定，赵朴初赞曰"庄严色相臻三绝，老辣文章见霸才"；高二适有言"功力之深，非胸中有万卷书，不能随手挥洒自如也"；启功有评到"发于笔下，浩浩然，随意所之，无雕章琢句之心，有得心应手之乐"。启老的点评，不仅点透了林老诗之特质，也正是其《诗稿墨迹》书法之要旨。

林老书法大多以艺术创作的形式面世，而墨迹手稿不多，如此集中地展示这么多墨迹诗稿就更少。从这批墨迹诗稿的书写风格来看，当是时间较为集中、风格较近，可推见是林老70岁前后所写，以行草为主，取法上追"二王"、颜真卿、米芾一路，下取王铎、黄宾虹之形，字字独立，中锋为主，线条铁画银钩，结体自然，章法无形，气息古雅，书卷气浓郁。如《田原韵且报二适》，以行书为主夹以草书，虽字字独立，大小参差，但气势连贯，特别是涂改之圈圈点点，更增加了自然之趣。再如《过江诗》"未能尘垢脱形骸，曾向人间作吏才。似鲫真成名士罪，好风吹送过江来"。寥寥不足三行，尽显笔墨、章法之功力，虽信手写来但字法准确、章法有度，宛如一幅完整的书法作品，又显自然天成，是刻意为之所不能达者，尽得书法天趣之妙。

从这批墨迹诗稿的书法可以看出，林老在法书晋唐、宋元行书痕迹脉络清晰，也是

奠定了他晚年以其独特的长锋羊毫，运于生宣纸上，再融入画法和水墨的渗透，并在30年汉隶碑版坚实的基础上，创造出天真烂漫的大草艺术，将中国的草书艺术推向了一个不同于古人的新境界。

历史上几乎所有书法大家都是诗人，唐有李白、贺知章、张旭、杜牧，宋有苏东坡、黄庭坚、米芾，元明清有赵孟頫、董其昌、傅山、八大、王铎、阮元、包世臣以及碑学书法名家，到了民国延续了这一传统，诗书并擅者比比皆是。林散之是个诗人，他的诗成就了他的书法，他的书法也推动了他的诗歌创作。可以说，诗与书法的关系最为密切了，真正的书法能表达作者的深厚情感，而自己作的诗自己书写最能体现诗书一体这一特色。我国是诗的国度，可以说诗是中华文化的根，诗在最简约的形式上表达了中国的文化精神，诗言志，书家通过诗表达自己的真情实感，再通过书写艺术地展示出来。林老的这批诗稿墨迹，是最典型的这两种艺术形式高度结合的产物，是极为珍贵的艺术双璧，最能代表中国诗歌的表现形式，也最好地展示了书法墨迹的魅力。

中国的书法被称为艺术，有艺术创作的概念只是近百年的事，中国传统的书法大多以书写而不是以艺术创作的方式流传下来，其中诗稿墨迹这种艺术形式最具这种文化的代表性。中国的传统文化中没有书家这个概念，他们的书法大多是以文章、诗词等墨迹的形式流传下来，如被誉为书法三大行书的王羲之的《兰亭序》，是一篇墨迹散文，颜真卿的《祭侄稿》是一篇墨迹祭文，苏东坡的《寒

食诗》更是自己诗词创作的墨迹诗稿，这种看似随意不作雕琢的手迹，以诗文的形式表达了作者最自然、最贴切、最深沉的感情思想，书法则是这种诗情的物化，是"心手双畅"艺术的最高理想和至高境界。可惜的是自硬笔传入我国并得到广泛使用之后，再加之特别是电脑的普及，我们的手稿墨迹在逐步减少甚至消失，这是中国书法诗词墨迹这种艺术形式的重大损失，也是人类文化宝库的巨大遗憾。

林老《诗稿墨迹》的刊布发行，对当代书坛具有重要的启发意义。我们知道西方创作的美学概念自引入之后，对艺术的发展具有重要的推动作用，特别是对作为一门艺术学科的书法更是起到了决定性的作用，使之在艺术创作上取得了巨大的成就。然而事物总有两面性，在过分强调创作的同时对形式的关注大于了对内涵精神的追求，形式大于内容，追求视觉的刺激成为一种时尚，同质化、肤浅化、形式化的现象越来越普遍和严重，这显然违背了书法艺术创作的真谛，更违背了中国艺术的核心精神。林老的这部《诗稿墨迹》，是自然天成的艺术珍品，不追求形式，不强调视觉的好看，不刻意地安排，在随意的书写中，表达作者的真情实感，是一种自然而然的诗性表达和自然而然的书写心迹。

中国文化是"技艺"文化体系，有别于西方文化的"哲科"体系。"技艺"强调的是技近乎道，在自我的千锤百炼中自然而然地进入一种艺术境界。他不过分地强调外在形

林散之《为二适写高亭图》
林散之纪念馆藏

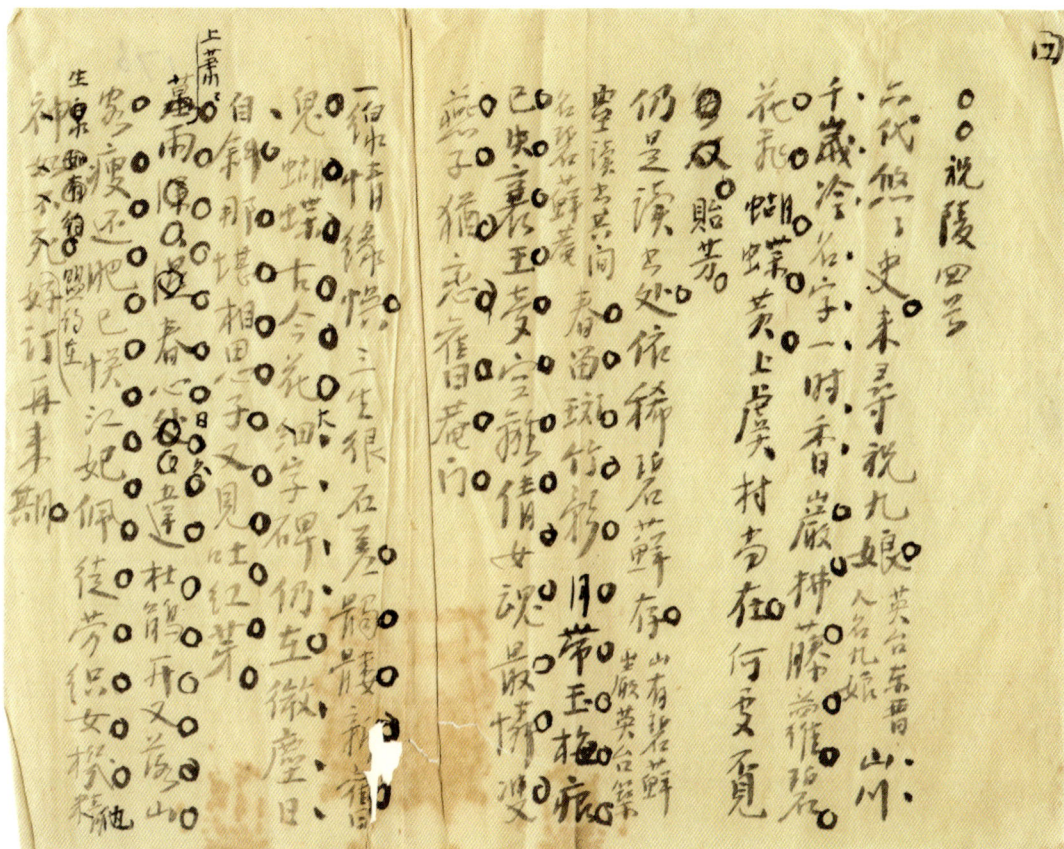

林散之《祝陵四首》
林散之纪念馆藏

式，没有时间、空间、构成甚至色彩的概念，他用主体人的精神修养，通过笔墨语言在"技"的不断"观复"中，对形的高度浓缩，以表达丰富而复杂的笔墨语言，使人的精神通过笔墨得以物化，所以，他是"内圣外王"的向内追求之后以达到外王的高度境界。《诗稿墨迹》这部手稿就是在这个层面上表达了中国传统书法、诗词所要表达的文化理想，是一部极为珍贵的艺术精品。

　　林散之先生不仅为我们创作了大量的书法艺术作品，更是在大草的创作中，为我们建立了属于自己的有别于古人的独特笔墨语言。影响至深、致远，传布海外，成就了"当代草圣"的最高美誉。然而这部《诗稿墨迹》又从另一个视角，为我们开启了一位艺术巨匠诗书合璧的艺术典范，我们从中可以领略到作为诗人的艺术造诣，也可以研究林老大草书走向高峰其行草所奠定的基础，更对我们当前的书法艺术创作具有深刻的启迪。

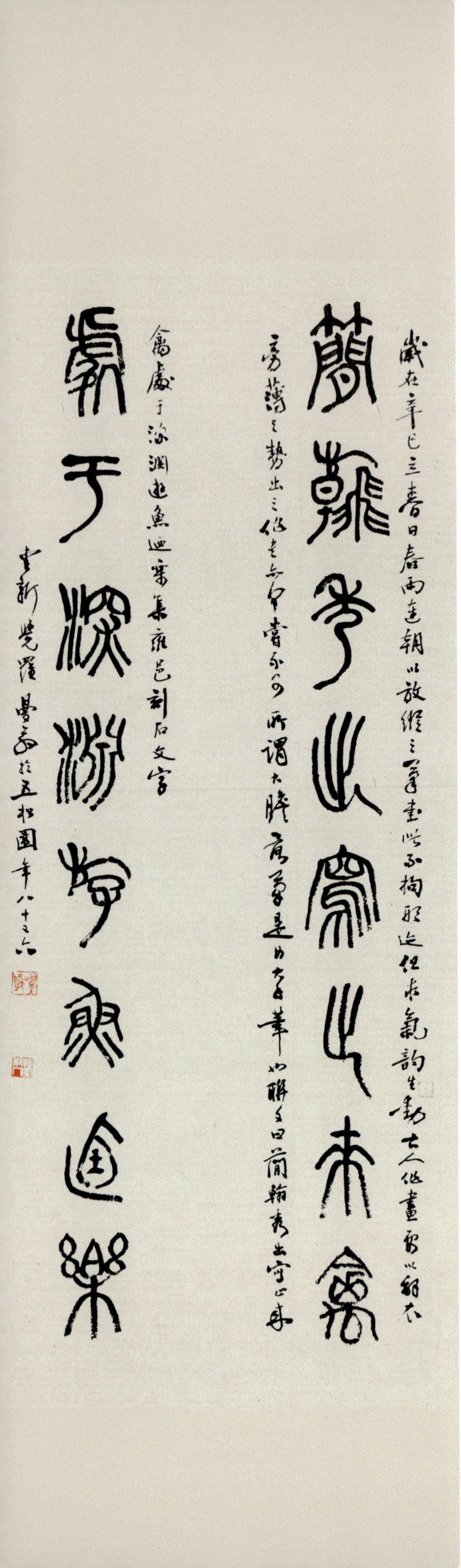

回眸

江南人文视域下的书法美学研究
——以沙曼翁为例

杨　天

　　沙曼翁，从当代视角审视其美学情愫与文人雅意，与其所处时代大环境有着密切的互动联系。在书法观念上的改变，以书法创作、理论、艺术、美学层面的"意象"表达，突破了传统的书法审美观念的束缚，去实现一种新的书法审美境界。其作品力求在笔法、结体和章法等方面有所突破，继而把握"气韵"、性灵、自然等基本美学，将书法的文化属性与中国文化互相渗透，对书法发展所产生了积极作用与意义。

沙曼翁《石鼓文"简翰""处于"八言联》，2001 年

1916 年，沙曼翁出生于江苏镇江，虽为爱新觉罗皇族后裔，但至父辈时已然没落。先生八岁入私塾读书，24 岁拜"虞山第一书家"萧蜕庵为师，研习书法与古文字学。其间除了受萧师文字学、训诂学等中国传统语文学知识的熏陶，更被其师之书艺所影响。于甲骨篆籀，对《散氏盘》《虢季子白盘》《石鼓文》《石门颂》《乙瑛碑》《礼器碑》《曹全碑》等，均有临习。于行草，则对"二王"、褚遂良、李北海、米芾、倪瓒等人心慕笔追。

沙曼翁的一生，亦是书法美学多次衍变的历程。从 20 世纪上半叶"西学东渐"影响下的"书法美学的现代性"初探，到 20 世纪 90 年代末"现代书法美学"学科的建构，先生目睹了近百年书法美学的发展，并且深刻地意识到书家和书法美学理论家对于书法美学转型中出现的表现形式、转变机制和发展规律等课题的重要性。因此，作为一名以"书外求书"[1] 为学习宗旨的书家，沙曼翁对书法人文精神的表达多有论述，且对书法美学更是有着颇为深刻的理解。先生年轻时便对吉金石鼓、汉唐宋元碑刻、古文诗词等中国传统文化喜爱甚深，以至其书法作品中常蕴含丰富的美学精神。沙曼翁在其 1980 年所作隶书对联《闲看、静听》中跋语：

作书作画贵能无火气、无霸气、无做作气，一言以蔽之曰：无俗气。无俗气则难矣，此贵之于有胸襟、有学问、有艺术修养、有功力，始克臻之。假若胸无点墨、一知半解、追逐名利之流，万万不可从事书画，勉强为之，绝无成就，俗工而已矣。

为此，沙曼翁从 14 岁起便开始其书法、篆刻、绘画的艺术道路，其后不仅加入龙渊印社、中国金石篆刻研究社等重要社团，更是审视传统、审视内心、修炼自我，在静谧的世界中回归本源，继而将自身对中华传统艺术的美学思考融入学术研究和书法创作中。

沙曼翁精心翰墨，其书法生涯长达 70 余年。1974 年，先生自制朱文印"老曼六十岁篆艺"，于边款中写道：

先师退庵萧先生尝言：得其篆法者唯（邓）散木及余二人，散木已归道山，余年六十，篆法虽得师承，正以逃不出师门为自惭也。[2]

以此印为界限，沙曼翁开启了属于自身的"衰年变法"。先生以萧蜕庵的创作领域为源头，不断地进行实践探索和理论总结，对笔法、章法、墨法和形式革新，希冀在回归书法艺术本体的道路上探究其中蕴藏的美学思想。在此前，"取法乎上"一直是沙曼翁在书法艺术上坚持的原则，先生曾回忆道：

当时在劳动之余，我仍然沉酣于三代鼎彝、秦汉碑刻，凡书史材料上自甲骨、籀篆，下至"二王"、苏、米无不研习。除了广泛涉猎名碑名帖，我对简牍、砖瓦、诏版、古玺更是青睐有加，反复临摹，爱不释手，甚至通宵达旦。[3]

同时先生认为：

初期应做到"有古无我"，继则"古中

沙曼翁《秦篆"我书""此老"七言联》，1980年

有我"，再则"以我为主，以古为辅"，即不以摹仿古人点画、用笔、结体等形似为满足，而欲得古人法书之神韵，再益以本人之个性美，这便是在继承优秀传统基础上的变化及发展，以形成自家的艺术风格。[4]

1980年，受南京博物院的邀请，沙曼翁作为第一位个人书家在博物院举办了"沙曼翁书法篆刻展览"。展览的成功举办不仅获得林散之先生"能从汉简惊时辈，还习殳书动俗儒。左旋右抽今古字，纵横篆出太平符"的高度评价，更在书坛和社会各界引起了广泛关注，其影响绵延后世。

"不自正入，不能变出"是沙曼翁书法美学的核心思想。在取法上，先生认为学书应从篆书入门，以临摹古人碑帖为基础，细究文字的由来、正讹及字义；在意境上，先生主张凝神静思，在传统书学的文化意蕴上将自己对生命的体验镕铸于书写的形象之中；在风格上，先生汲取真、行、草、篆、隶之精髓，其篆书雄浑古朴、行书则由平正转为险绝。于其书法美学的具体特征而言，主要体现在形式美、自然美、诗意美三个方面。

形式美

"形式反映出每个艺术家的精神，打上了艺术家的个性。"[5]从形式美的角度看，沙曼翁对点画、字法、章法有着自身独特的审美要求。

点画、字形的部件,亦是构成书法最基本的语言单位,脱离具体语境的点画是不具备表现意蕴的,但沙曼翁通过轻重、粗细、曲直等审美形态的塑造,赋予书作深刻的内蕴。正如东晋卫铄在《笔阵图》中言道:

> 善笔力者多骨,不善笔力者多肉;多骨微肉者谓之筋书,多肉微骨者谓之墨猪;多力丰筋者圣,无力无筋者病。[6]

沙曼翁 20 世纪 80 年代创作的《秦篆"我书""此老"七言联》,起笔藏锋含隐、圆融内敛,运笔全以中锋,萦纡圆转、婉曲通达,其迹线条粗细相仿、凝练圆实,质地饱满,"行墨涩而取势排宕"。先生以庖丁解牛之势,将自身体悟融于规矩化的笔法中,形成个人独特的审美价值。

字法,又称"小章法"。清蒋衡在《拙存堂题跋》中论道:"学书不法篆隶,直不识字,然仓颉、夏禹诸书疑多附会,信而可征,莫如石鼓文。"[7] 这里蒋衡明确地说明了篆隶与字法的关系,更认为通法篆隶有助于字形正误的识别。在强调字体的形态后,"势"才是书法美学中的真正体现。沙曼翁 20 世纪 70 年代末创作的《隶书临汉〈曹全碑〉中堂》,其中字的形态是意象结构,其形体虽有汉隶之貌,但其线条温润委婉,似以自然而然的方式搭接。先生于单字"七""年""拜"等中,将右撇笔画藏匿,并将部分字体"间合间开",在稳固空间位置的同时打破固有平衡,让原本的平画之势变得欹侧飞动。一如先生题跋中所言:"临汉碑,依样书写,匀整一律,则过于死板,钝汉所为也。"

章法,并非具体的笔法技巧,而是书家心灵秩序的具体表现。王羲之在《笔势论》中说:"分间布白,远近宜均,上下得所,自然平稳,当须递相掩盖,不可孤露形影。"[8] 沙曼翁 20 世纪 90 年代初撰写的《石鼓文"游人""渔子"七言联》颇具仪式性,联书以石鼓文写就:"游人走马如

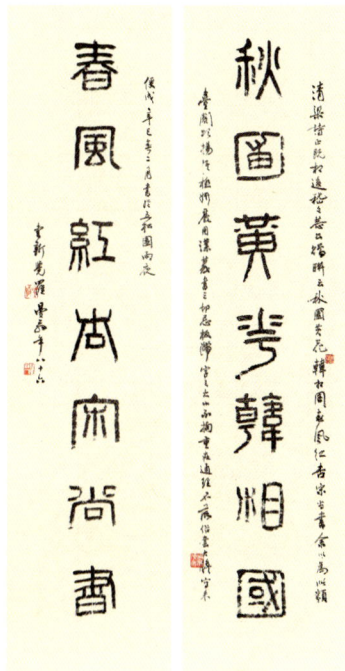

沙曼翁《隶书临汉曹全碑中堂》,1979 年

沙曼翁《石鼓文"游人""渔子"七言联》,1992 年

流水，渔子归舟载夕阳"，跋语则以行书书写：

　　岁在壬申，冬至，晨起微雨，集秦石鼓文字：游人走马如流水，渔子归舟载夕阳。作画主张有解衣旁薄（磅礴）、旁若无人之境，作书亦复如是，要胆大放逸。切记有霸气，重在下笔有源，笔笔入纸，笔笔不死，此贵诸工力与胸有点墨也。爱新觉罗曼翁篆于听雨芭蕉馆，年七十七。

　　这篇跋语从抬头到落款分列两联左右，共四行，在交代书写现实背景的基础上，阐发了自己的书学见解和对后世的期望勉励。这幅作品形式变化丰富多彩，大小疏密相同，秩序感强，极具美感。

自然美

　　"有力而后气韵生动，皆天地之自然。"[9]黄宾虹阐明书法的书写原理深得自然之妙。从自然美的角度看，沙曼翁认为书法创作要自然，要能够书写出自身真挚的情感。先生在2000年《养庐春色图》中题记：

　　人之一生，勿求荣华，但得清闲身健足矣。老年人能以读书、品茶、看花颐养天年，为最大幸福。要养成有此胸襟，必须读书明理，是为莫大成就。余年逾八十，爱好书画篆刻，从不与世争名利，终身如此，莫大幸运焉。

　　此中语句，体现先生崇尚自然本性的回归，以期敞开自己的胸襟，将自身性情与书画融为一体，进而实现"书肇于自然"的最高境界。

　　他86岁集雍邑刻石文字名联"简翰秀出写止来禽，处于深渊游鱼乃乐"是挥洒自如的代表作。这幅石鼓文用笔率性自然，寓变化于整齐之中，藏奇曲于方平之内，仿若不经意间成就。字的结体与章法安排，也完全融合了篆书的严谨不苟与整齐，追求一种疏朗和奇崛的感觉。书作中先生凭借线条的圆转虚灵、用墨的干湿变化，呈现出生机勃勃的节律感，倍觉自然生动。一如题跋中先生所云："以放纵执笔书此，不拘形迹，但求气韵生动。古人作画，要以解衣旁薄（磅礴）之势出之，作书亦何尝不可？所为大胆落笔，是为大手笔也。""不拘形迹"一语中的，道出了曼翁先生的精微的自然。

　　再看行书。先生尝云：

　　行草书当以生辣为极致，应避免过于巧滑……无须故作惊人之笔，写出性灵品自高。以平取胜难。以奇取胜者，往往天资强于功力，以其着意于奇，每忽于规矩法则，故易；以平取胜者，往往天资并齐于功力，不着意于奇，故难。正如东坡先生所云："始知真放在精微。"

　　沙曼翁的行书用笔线条流畅奔放，清挺秀逸，用墨润燥结合，浓度适度，一片平淡简静的气息。例如他1993年撰写的题跋：

　　癸酉年冬月，集王右军《兰亭序》字书此，盖自有我法，非可拘泥也。作书贵在有自家面目，墨守古人乃钝汉耳。然而工力仍属主要者，否则狂妄矣，不可取……

从字里行间看，其通过毛笔所产生的顺滑和枯涩相互交互交融的运动趋势，使得画面极富个性，亦充满天趣。

诗意美

借取书法中的草情隶意或隶体表达自己心中的韵律，所绘出的是心灵所直接领悟的物态天趣，造化和心灵的凝合。自由潇洒的笔墨，凭线纹的节奏，色彩的韵律，开径自行，漾空而游，蹈光揖影，抟虚成实。……中国特有的艺术——书法，尤能传达这空灵动荡的意境。[10]

在宗白华的理解中，可以读出他对书法美的认识是建立在诗性和思想性的交融之上。在书法创作上，内容是"骨肉"，而意境则是"血气"，只有将两者完美契合，方能传达出人生的超越性和诗意性的关怀。

中国书法自古到今都强调诗性的表达，沙曼翁留神翰墨，穷搜博究，将对传统经典的理解、选择与个人性情、敏悟自然和谐地融会在一起，构

沙曼翁《行书"丝竹""清和"对联》，1993 年

沙曼翁《行书范仲淹咏太湖诗》，2003 年

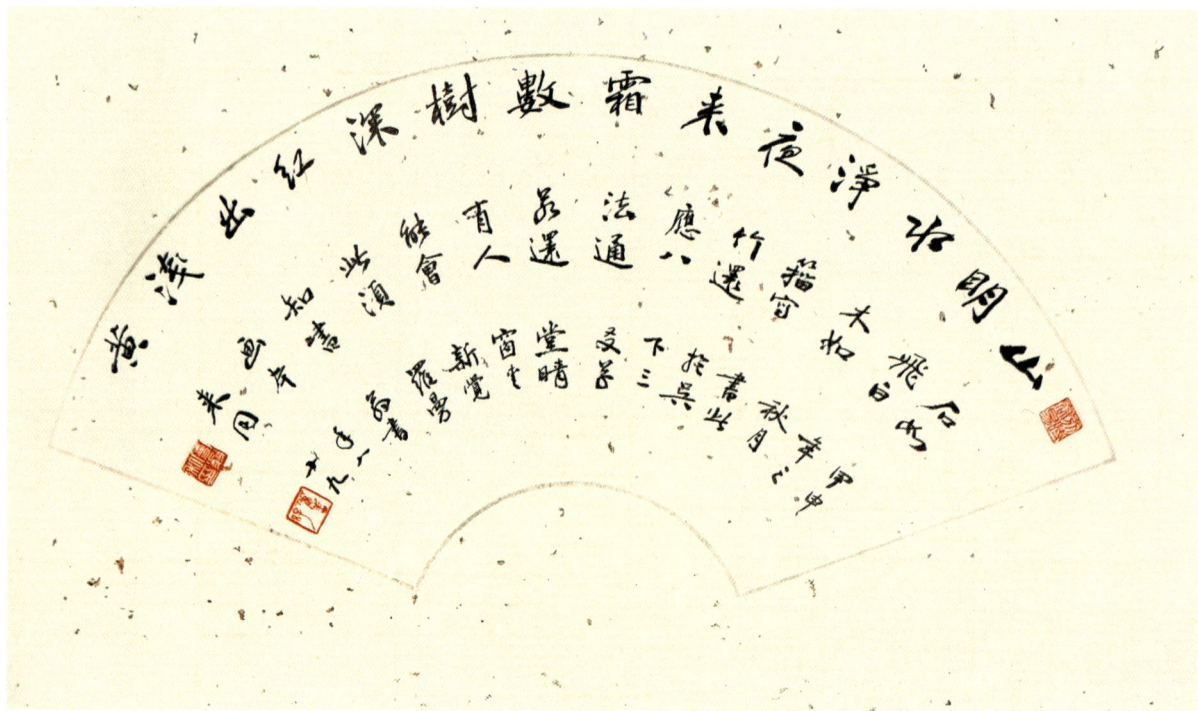

沙曼翁《行书刘禹锡诗扇面》，2004 年

成了其风格背后豁达的人生观及生活意趣。先生88岁时所作的扇面《行书范仲淹〈咏太湖〉诗横幅》，即对传统书法美本质观的合理继承。内容中所言："有浪即山高，无风还练静。秋宵谁与期，月华三万顷。"沙曼翁将典雅而唯美的诗情画意融会于书法作品之中，这是其心忘于笔，手忘于书，心手达情，书不妄想的重要因素。同时，沙曼翁用笔腕灵笔活，凌空取势，潇洒流落，酣畅淋漓，于纯熟中露生辣，缜密处见萧疏，观者于其中足以领略到先生作书的冷静态度和意在笔先、字居心后的高妙境界。除此之外，纵观沙曼翁的扇面书法，其笔法、字法、章法、墨法等艺术特征均对古代扇面书法进行延伸、开拓与探索，同时，更是通过选录前贤的文句，借此抒发自身臆气。一如先生2004年在吴下三友草堂所作《行书刘禹锡诗扇面》，上写"山明水净夜来霜，数树深红出浅黄"几字，上下有承接，左右有呼应，字外有笔、有意、有势、有力，章法颇妙，流露出高雅闲淡的情韵，冷然如文质彬彬的君子风度，令人敬肃。

以此而言，作为20世纪杰出书法家之一的沙曼翁，从当代视角审视其美学情愫与文人雅意，会发现这与其所处时代大环境有着密切的互动联系。在书法观念上的改变，以书法创作、理论、艺术、美学层面的"意象"表达，使其突破了传统的书法审美观念的束缚，去实现一种新的书法审美境界。其作品力求在笔法、结体和章法等方面有所突破，继而把握"气韵"、性灵、自然等基本美学，将书法的文化属性与中国文化互相渗透，对书法发展产生了积极作用与意义。正如康有为所言："若所见博，所临多，熟古今之体变，通源流之分合，尽得于目，变化纵横，自有成效。"

1　沙曼翁：《我学习书法篆刻经过和体会》，《书法家》，1986年。

2　沙曼翁：《朵云名家翰墨·沙曼翁》，上海：上海书画出版社，2015年。

3　沙曼翁：《将字作画画亦字，老来风格更天真》，南京：凤凰出版社，2009年。

4　沙曼翁：《也谈"不自正入，不能变出"》，北京：兵器工业出版社，1998年。

5　康定斯基：《论艺术的精神》，北京：中国社会科学出版社，1987年。

6　卫铄：《笔阵图》，《历代书法论文选》，上海：上海书画出版社，1979年。

7　蒋衡：《存堂题跋冈》，《明清书论集》，上海：上海辞书出版社，2011年。

8　王羲之：《笔势论》，《历代书法论文选》，上海：上海书画出版社，1979年。

9　汪己文：《宾虹书简》，上海：上海人民美术出版社，1988年。

10　宗白华：《意境》，北京：北京大学出版社，1987年。

李可染《梅花万点》（局部）
李可染艺术馆藏

回眸

看 画

老 舍

他的人物有的闭着眼，有的睁着一只眼闭着一只眼，有的挑着眉，有的歪着嘴，不管他们的眉眼是什么样子吧，他们的内心与灵魂，都由他们的脸上钻出来，可怜或可笑地活在纸上，永远活着！在创造这些人物的时候，可染兄充分地表现了他自己的为人——他热情，直爽，而且有幽默感，他画这些人，是为同情他们，即使他们的样子有的很可笑。

李可染《纳凉图》（局部）
李可染艺术基金会藏

在穷苦中，偶尔能看到几幅好画，精神为之一振，比吃了一盘白斩鸡更有滋味！幸福得很，这次一入城便赶上了可染兄的画展……岂止几幅，三间大厅都挂满了好画啊！

在五年前吧！文艺协会义卖会员们的书画，可染兄画了一幅水牛，一幅山水，交给了我。这两张我自己买下了；那幅水牛今天还在我的书斋兼卧室兼客厅里悬挂着。我极爱那几笔抹成的牛啊！

昨天去看可染兄的画展，我足足的看了两个钟头。他的画又比五年前进步了不知有多少！五年前，他仿佛还是在故意的大胆涂抹，使人看到他的胆量，可不一定就替他放心——他手下有时候还迟疑不定；今天，他几乎没有一笔不是极大胆的，可是也没有一笔不是"指挥若定"的了，他的画已完全是他自己的了，而且绝不叫观者不放心。

他的山水，我以为，不如人物好。山水，经过多少代的名家苦心创造，到今天恐怕谁也不容易一下子就跳出老圈子去。可染兄很想跳出老圈子去，不论在用笔上，着色上，意境上，构图上，他都想创造，不事模仿，可是，他只做到了一部分，因为他的意境还是中国田园诗的淡远幽静，他没有敢尝试把"新诗"画在纸上。在这点上，他的胆气虽大，可是还比不上赵望云。凭可染兄的天才与功力，假若他肯试验"新诗"，我相信他必定会赶过望云去的。望云也以人物出名，可是，事实上，他并没画出人来，望云的人没有眼睛，没有表情。论画人物，可染兄的作品恐怕要算国内最伟大的一位了。真的！他没有像望云那样分神给人物改换服装，但是，

李可染《画龙点睛》
李可染艺术基金会藏

望云只能教人物换上现代衣服，而并没创造出人来。可染的人物是创造，他说那是杜甫，那就是杜甫，他要创造出一个醉汉，就创造出一个醉汉——与杜甫一样可以不朽！可染兄真聪明，那只用墨一抹，或画几条淡墨的线，便成了人物的衣服；他会运用中国画特有的线条，简劲之美，而不去多关心衣服是哪一朝哪一代的，他把精神都留着画人物的脸眼。大体上说，中国画中人物的脸永远是在动的，

李可染《渊明醉归》
李可染艺术基金会藏

像一块有眉有眼的木板。可染兄却极聪明的把西洋画中的人物表情法搬运到中国画里来，于是他的人物就活了。他的人物有的闭着眼，有的睁着一只眼闭着一只眼，有的挑着眉，有的歪着嘴，不管他们的眉眼是什么样子吧，他们的内心与灵魂，都由他们的脸上钻出来，可怜或可笑地活在纸上，永远活着！在创造这些人物的时候，可染兄充分地表现了他自己的为人——他热情，直爽，而且有幽默感，他画这些人，是为同情他们，即使他们的样子有的很可笑。

他的人物中的女郎们不像男人们那么活泼，恐怕也许是尊重女性，不肯开小玩笑的关系吧？假若是这样，就不画她们也好——创造出几个有趣的醉罗汉或是永远酣睡的牧童也就够了！

李可染《梅花万点》

李可染艺术馆藏

峰高无坦途：我的二哥李可染

李畹 口述，李媚、马燕 整理

在北戴河，我跟哥哥学了两个月，他当时在那里写生。在北戴河临摹李可染的画，我画了几十张，后来哥哥都给我裱起来。就在这时，我哥哥还跟我说："李畹，你还是要做基本功。这些话别人是不会给你讲的。"

李可染《井冈山》
李可染艺术馆藏

早年在徐州生活，
父母教我做人的品质

我父亲是捕鱼的，母亲是卖菜人家的女儿。虽然都没什么文化，但二老却教给我做人的品质。是二哥李可染，带领我这个四妹走上了艺术之路。

父亲是个很老实的人，勤劳又聪明，靠捕鱼攒下一笔钱，开了一家饭店，名叫"宴春园"。这家饭店当时在徐州也算数一数二的了，有好几进院子，可以承办几十桌酒席。饭店里的餐具很高级，都是锡的，汤锅之类的也都很讲究。我记得家里有一箱子博古碗，那些碗里面单色，外面有花，但没有一种颜色是重样的。我常疑惑，父亲大字不识一个，怎么会有那么高的艺术品位呢？一来，他经常去上海办货，眼界宽。二来，他人聪明，悟性高。

父亲和我们这些兄弟姊妹很少讲话。他从饭店一回家，就往西屋去，坐下来，一壶酒、一盘花生米，一个人便喝了起来。可惜我没有留下一张他的照片。那天，我一边回忆，一边用毛边纸为他画了一张像。

父亲非常喜欢李可染，送他去上学，培养他成才。这说明父亲虽然没有文化，但是有见识，有头脑。当然，也有一些封建意识。我的大辫子是哥哥给我剪的，而父亲却不同意，他说你要是剪辫子，我就把你的头给砍了。家里的女孩子，都不让去上学。

母亲脾气好，总是笑眯眯的，与人相处和睦。我有一点文化，与母亲的影响有关。母亲喜欢听戏，邻居有个叫"嘟噜二大娘"的，

李可染旧居

一讲话就嘴角冒白沫，她也喜欢听戏。母亲和二大娘就经常带我们这些孩子去黄河滩听戏。

黄河滩上面很热闹，卖小吃的棚一个接一个，长板凳一条又一条。那时，筑个土墩子就是戏台，戏台上经常唱拉魂腔、豫剧和河南梆子。我记得有个叫小柴的，拉魂腔唱得最好。这是一种无意识的文化熏陶，到现在我仍然很喜欢听戏。从黄河底儿回来，常常是一身黄土。

父母的引导和影响，让我有了不俗的人生观。我一生不讲究吃、不讲究穿，不喜欢溜须拍马，不喜欢炫耀自己，朴素做人。

我9岁开始上小学，先在马市街上初小，还跳了一级，后到公安街小学上高小，然后家里就不让我再上学了。家里姊妹多，都要给饭店做烙饼。大姐也出嫁了。

没事时，我就在家里乱转，最后转到哥哥李可染的南屋，东摸摸西看看。我在哥哥的房间里看了好多书，比如鲁迅的《狂人日记》，陀思妥耶夫斯基的小说，等等。这些进步书籍都是哥哥在杭州上国立艺术院时带回的，其中好多在当时都是禁读的。有一次，

我无意中翻看了石涛的画册，立刻就被感染了，开始对艺术、对文化产生了兴趣。有时候，也会拿着笔描描画画的。后来，李可染就送我和苏娥（李可染的第一任妻子，29 岁病逝）到徐州艺专旁听，那时他在那里授课。

王家五位先生创办的徐州艺专是国立的。他们家，两三个弟兄都毕业于上海美专。在徐州艺专，大先生是个老私塾，穿长袍大褂，教古文；三先生就是校长王继述，也是上海美专毕业的；四先生、五先生都是画画的，五先生教铅笔画和写生课。

我哥哥经常带着他的学生和朋友到徐州艺专大楼去画画。他给苏娥画了一幅油画。苏娥长得高高细细的，"身长玉立，齿白唇红"，文雅、漂亮，会唱戏、会画画，人也温存、善良。苏娥是家中的长女，她父亲苏少卿是当时非常活跃的戏剧家，跟四大名旦都很熟。

我哥哥是我们家的"众爱之的"，家人没有不喜欢他的。他的朋友也多，常常成群结队来找他。逢年过节，哥哥屋里的人就更多了。他们拎着画箱子一起到云龙山写生，回来后就在屋里唱戏，我哥哥拉胡琴，很热闹。

哥哥性格好，知识面广，徐州的画家都很喜欢跟他一起玩儿。他是徐州画家群里的中心，家里也因此成了艺术的中心。徐州的云龙山、凤凰山、奎山、段家花园等地，是他们常去的地方。他们也都喜欢去黄河底儿。

每到过年，我哥哥会写好多门对子和八条屏，院子里挂福字灯，西屋里挂上中堂，很有年味。

李可染后来送苏娥去上海新华艺专学画，把大女儿玉琴、老三秀彬也带去了。结果苏娥死在上海，这是抗日战争爆发以后的事了。

我至今对我们家附近仍记得很清晰，那一带叫尹小桥。我们家西屋后面是个池塘，还有个沟，所以尹小桥也叫"两半坑"。我父亲、母亲都姓李。姨母长得高高大大的，姨夫做熟食卖，叫"麻老歪"熟食，在当地很有名。姨夫家里是在三民街（现在的解放南路）开杂货店的，家里雇了两三个佣人。在我们家旁边，是姓蒋的一家，弟兄好几个，也开杂货店。那时的徐州，有钱人都住户部山。我还记得三民街上有个大户人家，姓潘，他家有个孩子叫潘岩，在西南联大师范学院读书，在"一二·一"运动中，潘岩成了烈士。

讲一下我姐夫。我姐夫叫冯青伦，是徐州教育局的督学，他那时候的工资就 100 元大洋。我姐姐很幸运，她一个字不识，填房嫁给了冯青伦。冯对姐姐很好，他们的后代都有所成就。姐夫前妻有个大儿子，另外两个儿子、一个女儿都是我姐姐的孩子。老大在北京农学院，是奶牛研究专家；老三南航毕业，在东北研究飞机；女儿研究化学，留学英国，上海化工学院退休；老小先在南京炼油厂当化验员，后考上北大，毕业后去了美国。

当时徐州民众教育馆是公立的，馆长赵光涛是个了不起的人物。冯青伦和赵光涛都住在坝子街，在民众教育馆隔壁。

我哥哥认识赵光涛，与我姐夫有关，是我姐夫介绍他去民众教育馆工作的。李可染到了艺专，艺专的中心还是他。后来我想想很奇怪，咱们徐州出类拔萃的人物都是民众教育馆的，如马可、郭影秋、李可染、小萝卜头的父亲宋绮云等等。

民众教育馆出了好多进步人士。我曾经跟一位老先生谈起过赵光涛，认为应该研究一下民众教育馆为何出了这么多的进步人士。这些材料在徐州档案馆应该有的。

跟着哥哥逃亡，
我读了 8 年的书

我小学毕业，在当时算是有些文化的。在家无聊时，我就常去我姐姐家玩。姐姐家的院子靠近铁路，有些房子就租给铁路职工，所以那里住了好多有文化的年轻人（他们被叫作师爷）。其中一个湖北的青年看上了我，有时候会写个纸条什么的给我。那时我也不懂这些，不理他。

后来，抗日战争爆发，徐州被轰炸，形势紧张，一部分师爷调走了。那个湖北人调到河南陕州去了，仍然经常给我写信，我还是不理他。后来，徐州被日本飞机炸得厉害，很多人开始跑反、逃难。京沪铁路也不通了，苏娥滞留在上海回不来了。之前的暑假，我哥哥还到上海住了一段时间，苏娥怀了玉虎，有孕在身。

徐州被炸得厉害，哥哥在徐州也待不住了。之前田汉带人来徐州，认识了哥哥，所以哥哥就想逃出去找田汉。这时河南那个姓胡的写信让我去，我母亲也想让我哥哥尽快把我带走，所以我哥哥就同意把我送到陕州去。

在火车上，到处都是炮弹的声音，尤其是晚上，天空的照明灯一个接一个。我和哥哥的心情十分紧张，有离家的惆怅，有身边的危险。火车也是走走停停，最后来到铜川。陕州与铜川斜对岸，隔着黄河。

到了陕州，见了那个姓胡的，我哭啊闹啊，

李可染《笑和尚图》
李可染艺术馆藏

李可染《苦吟图》
李可染艺术馆藏

就是不同意留在那里。我跟他确实没有什么爱情可言，人生地不熟，很害怕，非得要跟哥哥走。在这种情况下，哥哥无可奈何，只得把我带走了。姓胡的人很好，认识很多铁路上的人，西安也有朋友，他说以后如有什么困难，可以找他。

就这样，哥哥把我带到了西安。通过在陪都大戏院工作的老乡苗玉田，我们找到了住处，就在东大街陪都大戏院的放映室里。大戏院院子里住的都是难民。那时战争的气氛，像沸腾了一样，开锅一样的沸腾，没有平静的地方，抗日宣传的气氛非常感人，对我教育很大。

听说有抗大，我就跟我哥哥说想去读抗大。哥哥白天出去找熟人，找到了老乡蒋志明。抗战前，在徐州，他就经常给我们送冰激凌吃。

蒋志明是个大个子，胖胖的，在北大街开了家莲湖食堂，经营西餐。他和共产党有很深的联系。后来我才知道，他是共产党的地下联络员。蒋的儿子现在在北京高级部门工作，跟我哥哥家还有联系。

那时的西安文化馆，位于南大街上的南苑门，聚集了很多文化人，丁玲、张仃……许多名人都到了西安。文化馆搞灯谜，搞张仃的抗日宣传漫画展，以各种形式进行抗日宣传。

有天晚上，我哥哥带我去一个人家里。我一看，蛮大的一个房子里，好多年轻人坐在一起，有个人在讲话。这个人是李一氓，后来成了中共中央的一位领导人。这样的氛围，对我这种刚进入社会的人，有深刻的感染，是很大的教育。

我接触到的人，个个都给我留下了很深的印象。这时，我思想上也开始有了进步的要求。

当时整个国家都沸腾起来了。日本人占领区的许多年轻人逃出来，无家可归，国民党把全国流亡学生和老师召集起来，办了几十个流亡学校。这些老师都是高水平的。我幸运地在西安街头看到招收流亡学生的广告，国立陕西中学招收东北四省和苏鲁豫的学生，我和哥哥都很高兴。

此前我们都没有出路。我哥哥那会经人家介绍去了国民党的一个军校，但在那里住了几天后，发现不对头，赶紧离开了。现在我报名进入国立陕西中学，哥哥就放心了。我也很高兴，我认识了安徽人老李，他与我同一大队，后来成为我的丈夫，当然这是后话。学校有几千人，西安住不下，学校就安排我们到陕南安康县。安康在终南山南边，与陕北延安隔着秦岭、终南山。

当时我们从西安步行前往安康。我们分成几个大队，分散走，一个大队三十至四十人，请了几个挑夫，由两个老师带着。学生都穿着草鞋，挂着拐棍，戴着草帽，沿途就住在山里。今天这个队在这个村庄留宿，明天再到前面的另外一个村留宿，然后后面的队伍再跟上来，住上个大队住过的地方，一拨一拨地走。

每天走三四十里的路，跋山涉水，十分艰苦。山里土匪多，很吓人，有时走在山里会看到吊着的人头。那时候是冬天，很冷，沿途有好多生病的。我在四大队，老李也在四大队，第一天走到终南山下，就住在一个

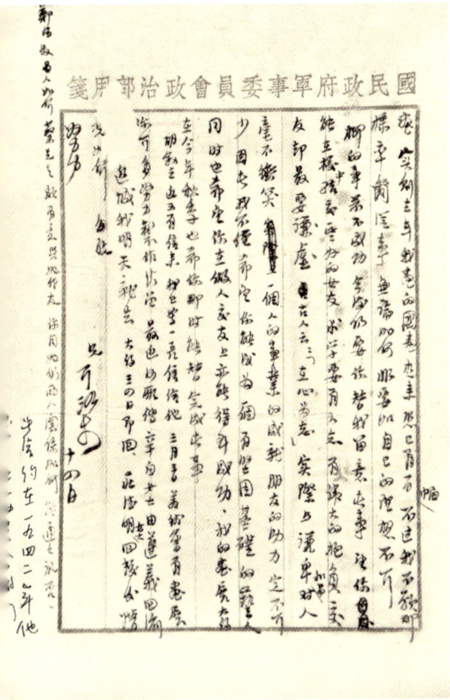

國民政府軍事委員會政治部用箋

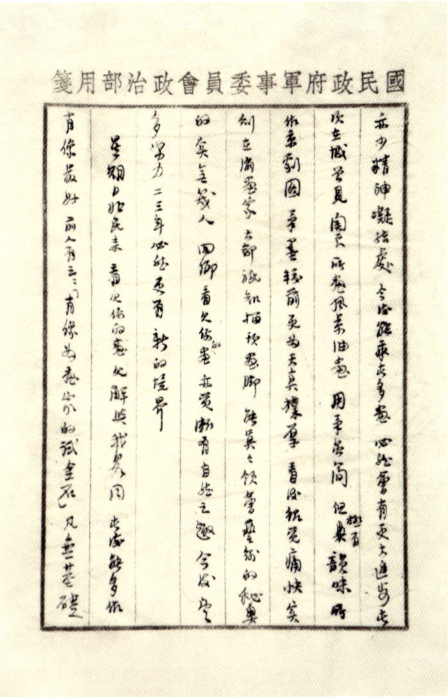

國民政府軍事委員會政治部用箋

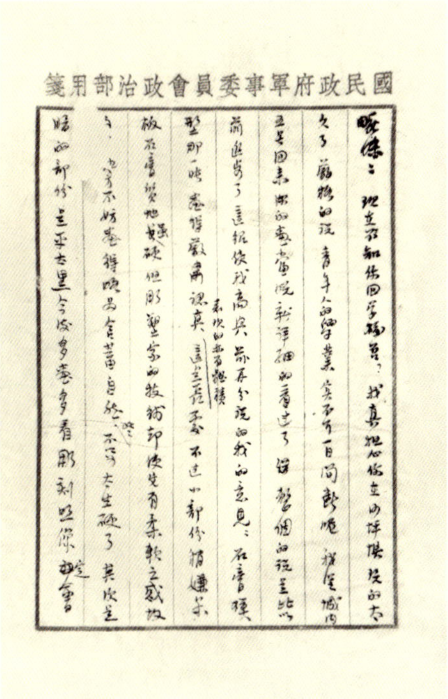

國民政府軍事委員會政治部用箋

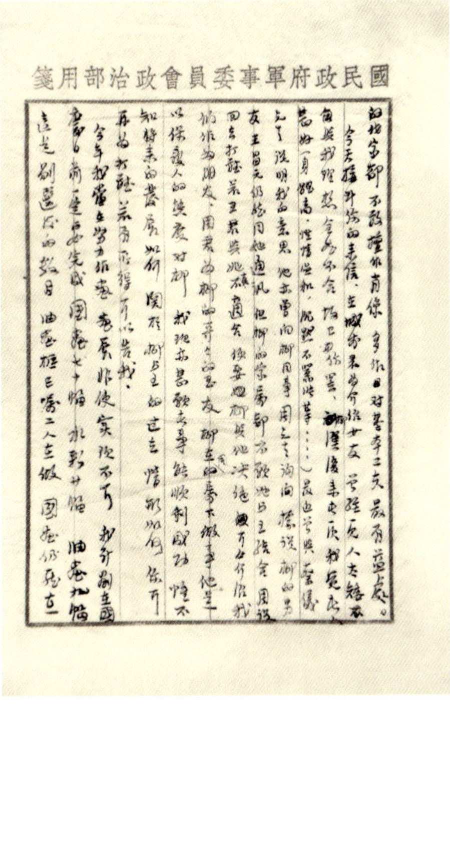

國民政府軍事委員會政治部用箋

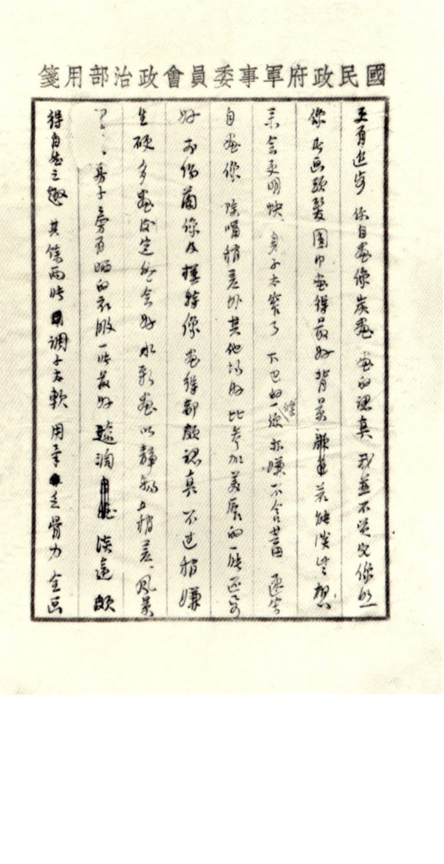

國民政府軍事委員會政治部用箋

李可染与四妹李畹的书信

李可染《五牛图》
李可染艺术馆藏

教堂里，脚磨得起了泡。有时遇到独木桥，走不好就掉下去了。一些有钱人家的学生，觉得太苦，受不了，就雇个滑竿回家去了。我们翻秦岭的时候，海拔高，山上是雪的世界，走到山下，就是春天了。走了半个月总算到达了安康，我浑身都是虱子。

我在安康读中学，读了两三年。老李跟我是同班同学，老实人，很正派。后来，安康发生饥荒，老百姓没吃的，都快要人吃人了。学生们每天只能喝稀饭，所以学校决定南迁到四川阆中。又是几百里路，跋山涉水，走了半个月。到阆中后分班，成绩好的分去读高中，差一点的去读师范。我比较幸运，去读高中。

周围的同学知道我喜欢画画，上高中二年级时，他们告诉我国立艺专要迁到重庆的消息。我听说后非常高兴，但是也有顾虑，

因为我哥哥一直写信叮嘱我一定要读完高中，要有扎实的文化基础，毕业后再去报考国立艺专。但有几个男生说这个机会不能错过，约我一起去报考，我就同意了。

我哥哥原来在武汉，在国民政府军事委员会政治部第三厅工作，与郭沫若他们在一起。后来日本轰炸，武汉吃紧，第三厅又从武汉迁到重庆。我哥哥跟他的同学、诗人季信一起从武汉步行到重庆，在第三厅下属的文化工作委员会工作。文化工作委员会集中了全国的文化精英，在重庆两路口天宫府街的一个巷子里办公。

最后，我下决心去重庆。从阆中到重庆，好几百里路，我们翻山越岭，脚上穿草鞋，脚都磨得起了泡。三个男同学对我很照顾，我的脚走不了了，他们晚上给我打洗脚水。身上穿的是学校发的粗布棉大衣，棉花都露

出来了。

到重庆后，我提心吊胆，怕被哥哥骂。但还是鼓足劲到两路口去找他。一进门，看到一个大汉，穿着咖啡色皮大衣、黑马裤、皮靴，很有风度，后来才知道他就是田汉。我向他问李可染，他就送我到哥哥的办公室。

我穿得像叫花子一样闯了进去，哥哥一看我这个样子，也没骂我，他就跟田汉商量，让我暂时住在田汉家。当时田汉家有妻子（第一任妻子）、女儿田野（后来是江苏话剧院的名演员）。白天没事，我就去他们办公室玩儿。

那时，全国的文化名人都集中在这儿了。办公室不大，两排桌子。成员有：安娥，女诗人，《渔光曲》的作者；拾凌河，湖北诗人；洪深，戏剧家，写《放下你的鞭子》的；贺绿汀，《黄河大合唱》的作者，后来是上海音乐学院的院长；漫画家高荣升、张文远，还有几个著名的版画家。

这期间，发生了两件大事。第一件事是郭沫若骂张治中。有一天，第三厅突然召集全体人员大会，厅长张治中动员大家都加入国民党。郭沫若首先发言，大骂张治中，张治中被骂跑了。郭沫若正气凛然的气质让我深深地佩服。第二件事，也是开全体人员大会。会上大家都非常紧张，像是发生了什么大事，大家的情绪非常不好。我问哥哥怎么回事，他说前几天发生了皖南事变，共产党受到了国民党的迫害，牺牲了很多人。这两件事给我留下的印象格外深。

文化工作委员会下面分设文学组、哲学组和历史组。历史组有翦伯赞和侯外庐等，他们讲历史的时候我都去听，受益匪浅。郭沫若经常携夫人于力群出席各种活动。于立群是他的第三任夫人，很年轻，他们相差一二十岁。为了跟郭沫若相衬，特意把头发打了个绺。

后来，我就去考国立艺专。哥哥让我学西画，因为西画是写实的，强调造型，是绘画的基础。我考上了西画系，另外三个男同学考上了国画系。

日本人轰炸重庆时，大轰炸特别厉害。文化工作委员会也没法工作了，他们就转移到歌乐山附近的金刚坡村里去。办公室设在一个地主的庄园里，人员分散住到附近的农民家里。

我哥哥住在一个贫困农民家里的一个很矮的平房里，旁边就是牛棚。晚上睡下，隔着一层墙，能听到水牛的鼻音和反刍的声音；白天看到牛在草地上吃草。哥哥对牛慢慢产生了感情，便开始画牛。

金刚坡下全是水田，有雾时，风景更好。我经常去看哥哥，有次他带我到傅抱石家。傅抱石画画特别认真，一个暑假画的画就能办个展览了。傅抱石在日本留学时，买了个大蚊帐，农村蚊子多，他就躲到大蚊帐里去画。

文化工作委员会在权家庄园里办公，有几进院子，经常搞一些文化、哲学讲座，我都去。金刚坡离我们学校有几十里路，一般我去，都要住上一两个晚上。放了暑假，我就全待在那儿了。

重庆大轰炸仍然厉害。我记得有个日本反战人士鹿地亘，组织成立了一个反战同盟，国家给他盖了一个两层的办公小楼。后来这个反战同盟回国了，我哥哥他们就搬到了这

桂林阳江 由城南象鼻南望景 壹玖五九年春興颜地用这同来桂林写生 稿十画二子余幅峰多年一幅

李可染《桂林阳江》
李可染艺术馆藏

二层楼里。我哥哥住楼下，三个作家住在楼上：白薇，留学日本，名气很大的女诗人；张文远，后来任南艺的校长；蔡仪，写美术史的美术理论家。他们经常在一起讨论艺术。我在这个环境里，受到了教育和感染。

开学了，我进入国立艺专上学，校长是吕凤子。学校从杭州迁来，毕业班的学生都很时髦，我们这些新生就像"土包子"。我记得老乡朱德群就是毕业班的同学。

起初，学校在璧山县一个叫天上宫的庙里，离重庆市区不远。学校所在的地方太小，住不下学生，一部分新生就迁到离璧山十几里的松林岗上学。松林岗的山头上全是松柏树，教室是建在山坡下的一排排土房子。修了一条上山的小路，学生住在山坡上的两个大碉堡里，男女同学各住一个。碉堡是一个地主建的，三层楼。重庆雾多，清晨从山坡上走到山坡下教室去上课，脚边都是雾，很有趣。

我跟邹佩珠住一个宿舍，后来她与我哥哥结了婚。艺专从杭州迁到重庆，沿途都在招生。邹佩珠是杭州人，她的父母带着全家逃亡至湖南沅陵时，她考进了艺专，随学校到了重庆。邹佩珠是雕塑系的，比我高一个年级。

国立艺专的一部分后来被合并到中央音乐学院，后者在离松林岗十几里路的青木关。青木关也是国民党教育部所在地，与松林岗有一条公路相通。高年级同学中，有人认识中央音乐学院的同学，便经常来往，一起散步，买兰花豆什么的。有时候钢琴声也会从山坡上飘下来，有几分浪漫。

后来，校长吕凤子离不开他创办的正则艺专，政府就请来陈之佛当校长。陈之佛那时是中央大学美术系的教授。再后来，国立艺专迁到沙坪坝对岸的盘溪，离在沙坪坝的中央大学、重庆大学近了。陈之佛当了校长后，把我哥哥请来国立艺专当教授，那是1943年，我已经上大学三年级了。我哥哥指导起我来就更方便了，经常到教室指导我画画。哥哥那时喜欢画水彩画，他画的水彩画有中国的人情味。因为战争，那时候颜料和纸张都很成问题，所以只好画水彩。

我们跟家里失去联系好几年了。这一年，徐州群艺馆馆长赵光涛突然来到重庆，告诉我和哥哥苏娥几年前就去世了。得知这个消息，他恸哭落泪，十分痛苦，开始失眠，后来患上了神经质，到老不愈。过了一段时间，为了缓解他的悲痛、转移一下他的心情，我就想给哥哥介绍个女朋友。先带了一个叫冯世勋的贵州同学到哥哥那儿玩。但是冯人很老实，不太善于交流，两人不是很和谐，没成。后来我就带邹佩珠去哥哥那里。

我在学校里跟邹佩珠关系很好。邹跟我住同一宿舍的上下铺。她这个人能干，活泼开朗，思想进步，经常帮助我，比如帮我做油画框什么的。邹会和我哥哥开玩笑，会唱京剧，两个人慢慢地有了感情。后来，他们就在学校外面一个叫八卦图的地方，租了一间农民的房子结婚了，不久生下了李小可。那时我姐夫冯青伦在中央大学工作，住在沙坪坝，离我们很近。小可降生后，我大姐经常给他喂奶，她的小儿子和小可差不多大。

我在学校很努力很用功，也是因为有哥

哥的严格要求。那时我还常常去看高年级的朱德群、吴冠中等同学画画，也有受益。当时我们一个班里的同学，到今天也就我和去了东南亚的蒋玉娣还在画画，其他同学都没能坚持到底。当时画画很有名气的段文杰后来走上了敦煌研究之路，很有成就。

1945 年，我毕业了。至此，我读了 8 年的书，没花过一分钱，吃的、学费都是公家的，所以我感谢政府。

毕业后，我要与爱人老李离开重庆去昆明。老李和我是中学同班同学，他思想进步，积极参与共产党的活动，在学校受迫害就到沙坪坝来找我。我毕业后，他要我和他一起去昆明，他想报考西南联大。哥哥开始不愿意，想让我留校或在重庆当个小学教师，后来看我坚决要走也就同意了。

一个叫乔家贤的商人，想给李可染在昆明办个画展，遇到了许多困难。正好我和老李要去昆明，我哥哥就让我和老李去处理此事。

我们学校有个女生是云南人，叫陈佩秋，谢稚柳的夫人，跟云南的上层关系很好。我们就托陈佩秋跟云南省主席龙云疏通关系。我哥哥把几十幅作品用飞机运到昆明，放在陈佩秋家里。这几十幅画十分珍贵，有郭沫若、田汉等的题字。到昆明后，我们找到了龙云的下属，一个叫杨晓民的官员。他答应帮助办画展，但迟迟不见落实。

田汉那时也到了昆明，带着一批戏剧家，办了一个终南艺术社，专门搞戏剧。我哥哥给我写信，让我去找田汉。我去了，但他也没有办法。还找过一个叫孟超的戏剧家，他

也没有办法。

我和爱人老李到处奔走，最后找到了一个文化馆，勉强把画展办起来了，但是一幅作品也没能卖出去，陈佩秋也不愿意过问了。

不久，抗日战争胜利，西南联大要回北京了。学校行动起来，用汽车分批撤离，内地来的人也回撤了。因为没有路费，我们就把存的书摆地摊卖掉。有点钱后，就跟着不要车费的军车，经过长沙到了武汉，在武汉坐登陆艇回到南京，借住在姐姐家。

在昆明，我和老李没有办法处理哥哥的那些画。老李有个西南联大的同学，他哥哥叫王作如，在云南做生意，我和老李就把画收起来寄存在王作如家里，那时也没把那些画看得太重。撤回后，开始几年也没有想到这批画，后来想到这批画，去找王作如时，却找不到了。我十分内疚，但是哥哥从来没批评过我。这是我一生最大的遗憾。

虽然我和老李在昆明西南联大只待了一两年，那却是我十分珍惜的一段时光，经历了许多事情，对我一生的影响都很大。老李功课不错，本来想考西南联大的，结果没考上，我们就住在西南联大师范学院里。西南联大十分了不起，许多名人都出自这里，教师有华罗庚、闻一多等；学生有李政道、杨振宁等。我住在那里，受的教育很深。

我和老李，还有他的一位同学一起租了个房子。他俩为党义务办报纸，叫《昆明新报》。他们半夜十二点以后去编报纸，天一亮就到大街上去卖。

那时的昆明，共产党与国民党的斗争特别激烈。老李当时已经是共产党员了，跟昆

李可染《漓江山水》
李可染艺术馆藏

明的地下组织有联系。他在昆明好几个县里教过书，组织派他到哪儿他就到哪儿。我和他一起教书，我有好多作品是那时候画的。那时候正年轻，热血沸腾。

当时的学生运动轰轰烈烈。我和老李积极参加了"一二·一"学生运动，几个学生牺牲以后，我记得在餐厅里停了四口棺材，上面摆满了纪念的东西。当时，我画了四位烈士在灵堂上、墓地里挂的像，为他们送葬时我也参加了。闻一多牺牲时，我和爱人想去吊唁，却没有成功。

回忆 1937 年我在国立四中读书时，就有两个女生是地下党，发展我为抗日民族先锋队员。后来到昆明以后我又参加了民青，即抗日民主青年团，这些都是党的外围组织，算党龄的。但后来我找不到证明人，就没有计算我的党龄，我老伴也是这种情况。他比我更加积极，他听从地下党的安排，不愿离开昆明，要留下做地下党工作。但是我执意要回来，最后他也就同意回来了。

李可染《牧牛图》
李可染艺术馆藏

李可染《铁骨红心》
李可染艺术馆藏

在西南联大，我还结识了许多人。我记得刚到时，有个叫沈玉纯的跟我住在一起，后来是卫生部部长的夫人。她送我的一张照片，我一直保存着。新中国成立后好多年，有次我看到苏联杂志《星火》，封面人物很像沈玉纯（因为她去苏联学医一年）。我打听后才知道，她就是沈玉纯，是卫生部部长夫人。我上门给她送照片，她一看，特别激动。后来她和她丈夫送我一套很珍贵的陶罐。还有很多同学的照片，我保存了很多。比如马南圃坐在公园里的一张，我后来也还给了他，他十分高兴。

50 岁开始画国画，哥哥对我的教诲影响我一辈子

回到南京后，我们投奔姐姐。姐夫冯青伦在中央大学化学系工作。在南京待了不久，姐夫就在徐州给我和老李找了工作，在国立师范工作，那是一个很大的学校，老伴教数学，我教美术。

当时徐州还未解放。过了一两年，这个学校要搬到连云港去，我们不想跟着走，就辞职了。姐夫又给我找了工作，在立达女中教书，老李就没工作了。张文俊也跑回了徐州，他是地下党，在徐州郊区的一所小学里教书。那时候徐州形势已经很紧张了，淮海战役开战在即，他在徐州待不住，又跑到南京去。

在徐州那段时间，我生了大儿子，请了奶妈。那时候我娘家也很穷，大哥带着自己家和二哥李可染家的一大群孩子，生活非常困难。三姐在徐州，也很困难。二姐带着两

李可染《黄山烟云》
李可染艺术馆藏

东方欲晓
晓莫道
君行早
踏遍青
山人未老
风景遍
边独好
一九六五
年冬日写
毛主席历
平乐词意

可染于北京

李可染《东方欲晓》
李可染艺术馆藏

个孩子也住在父母家里。老李那会儿吐血住院，我一个人负责全家的生活，给老李治病都没钱。最后是老李的堂哥，当时在天桥东部队里工作，把老李接出去，在地摊上买了一种美国的药，挂了一周水，把病治好了。我们很感激这位堂哥。1948年，我们又回到南京。张文俊跟地下党联系好了，把我们俩招回来了。

解放前我就在南京生活过，所以对南京并不陌生。南京刚解放时，军管会把我们这一大批文艺人组织起来，成立了南京文工团，安排我们在江苏省话剧团的剧场里住了下来。

我与张文俊、王肇民、魏紫熙等人在一起，负责全南京的宣传工作，十分热闹。搞美术的在大街上都挂上红布标，演戏的在演《白毛女》等街头戏，南京的部队还派了一个排保护我们。

文工团分了几个组，有戏剧、音乐、美术等，每个组几十个人。过了一段时间，组织上把戏剧组的人调到了上海，美术组、音乐组的一部分人并入南师大。解放军过江后，分了两个行政工作部门，一个驻在南京，分管苏北片；一个驻地无锡，分管苏南片。1957年成立江苏省，两个行政部门合二为一，苏南苏北的文化系统也都合并在一起了。我们美术组就改组为江苏省美术工作室，由亚明负责，集中了南京的主要画家。喻继高那时刚从南师大毕业，也加入了美术工作室。我在美术工作室工作，画年画、连环画、宣传画等。后来，美术工作室被撤销，一部分人去了群众美术馆，属于文化局领导。另一部分人去了苏联学习。参照苏联的职业美术家做法，亚明带领一批人搞职业美术家。

我被分到群众艺术馆，搞群众艺术。扬州办艺校，我去组织；六合办艺校，我也去组织。我还去邳州运河师范专门搞了一个邳县农民壁画训练班，在那边教了一个月的课，所以现在邳州新沂的领导还会到我这儿来看我。在扬州办的培训班，规模最大，有几千人，培养江苏省基层文化干部。记得当时，满街都是学习班的学生，学戏曲、舞蹈、美术的都有。

后来我先后在《江苏文艺》《雨花》杂志做美术编辑。1962年，江苏省国画院成立，组织上首先考虑了我和喻继高。我们俩在那边办了个美术培训班，现在江苏画院好多画家都是这个学习班的学生。

我在群众艺术馆工作时，在省美术馆楼上办公。后来来了一个在北京跟李可染学画的瑞典年轻画家，他看到我在画年画，那种很细很写实的年画。他就问了一句："你为什么不跟你哥哥学国画呢？"这句话提醒了我，不久，我调到省国画院，提出要跟李可染学国画。

领导同意后，我给哥哥写信。我哥嫂那会儿生活还很困难，但他们接纳了我。在北戴河，我跟哥哥学了两个月，他当时在那里写生。在北戴河临摹李可染的画，我画了几十张，后来哥哥都给我裱起来。就在这时，我哥哥还跟我说："李畹，你还是要做基本功。这些话别人是不会给你讲的。"

话又说到三十年前，我当时考国立艺专时要报国画班，我哥哥不同意。他说，开始就学国画的人造型能力不好。此时我才明白，画国画也需要很强的造型能力。我在国立艺专学西画，画了五年的素描和油画，基础打下了，造型能力很好。我哥哥的指导是对的。

从北京回来后，我还在省国画院工作。"文革"时，因为给领导提意见，领导开除了省国画院的"三李"：我，李亚，还有李山，美术界的人都知道。我被调到了晓庄师范学院任教，后来又到省教育厅编了一段时间的教材。

1980年，我60岁时被调到南艺任教，这也是一个奇迹。当时还有张文俊，他也是被从国画院排挤出来的。原省文化厅厅长郭铁生被调到南艺当党委书记后，看我们俩受的处理不公正，主动接收了我们。我那时虽然60岁了，但是没感觉到自己的年纪，每天风风火火很认真地工作。现在美术学院的院长张于献，还有现国画院院长周京新都是我那时在南艺带的学生。我自己的画册上，好多画是那时带学生出去写生时画的。

调入南艺后，我开始画山水，之前画人物比较多。我给学生们上写生课回来后，组织他们搞了个写生观摩展。刘海粟来看，他说画得很好，这个展览可以拿到博物馆去展览。到博物馆展览后，引起轰动。所以，虽然现在我不参加社会活动了，但是美术界仍都晓得我。

我70岁退休。退休后难忘的事是，与程大利、喻继高、赵绪成、贺成一起回徐州办省亲画展。展览在徐州博物馆举办，当时很轰动。这里面还有我和哥哥的一个故事。商量好办省亲画展后，他们就让我找我哥哥给题字。我刚开始给他写信时，他不理我，于是又写信激他，他很快寄来三幅题字。后来我送给程大利一条，又送给喻继高一条。

艺术跟吃菜一样，有味道才算好

我谈谈我的艺术观点。我认为，所谓艺术的继承，不是形式上的继承，而是观点、精神上的继承。我现在慢慢抛开了我哥哥的画，但是仔细看，还有我哥哥作画的精神在里面，有我哥哥"苦学派"的精神。

我哥哥去世太早，他才82岁，很可惜。因为一个艺术家要走研究的道路，是有一个摸索过程的。等到他成熟了、放开了，才真正形成自己的风格。我记得有次在徐州，我给他打电话，他说本来打算去北戴河的，但是因为身体原因没去，他说我的画还要变（那是在他去世前不久）。变什么，就是艺术上有更加成熟的风格，更能表达自己感情的风格，更有味道的风格。所以我认为李可染要是能多活几年，他的画会有更大的发展。

艺术的真实不等于生活的真实。艺术来源于生活，又高于生活。比如，毕加索写实基础很好，为什么后来变成了那个怪形象。他的画，有的人物画得嘴歪眼斜，鼻子东一个，西一个，眼睛东一个，西一个，但其艺术成就是高。这就说明艺术不完全等同于生活，这个应该很好地研究。

目前画坛上一些知名度相当高的画家，画得很漂亮，但就是没有味道。艺术跟吃菜一样，有味道才算好。所以，作为一个画家是很不容易的，你要不断地去充实，去研究，活到老学到老。艺术又不是单纯的技术，不是机械。你画得再真，画得跟照片一样，那就是大错误了。艺术是思想感情的爆发，如果画得跟真的一样，就没有意思了。

我画画，我说自己是胡涂乱抹，其实不是胡涂乱抹，是按照艺术规律去画的，包含着我的研究在里面。八大山人的画很简单，为什么长久不衰，因为有他内在的艺术规律，一般人是看不出来的。日本有个美术理论家，他就说过，艺术是苦闷的象征。

我现在不求名，不争利，不去炒作。因为炒作也不过是多卖几个钱，我不靠卖画吃饭。艺术不能去迎合市场，迎合市场是商人的行为。我过去搞了许多展览，现在不再搞了，最大的愿望就是能画几幅好画，若干年后人们能承认你，这样也不辜负哥哥对我的培养。南京有几个画得好的，也不靠出头露面，社会上的活动他们多数都拒绝，所以他们的画才会好。

我谈谈邹佩珠。我现在还有很多磁带，李可染给我的作品点评时的录音。我和我儿子李长干一起去北京找哥哥，邹佩珠做录音。我跟我嫂嫂，也是我的同学了，一直保持着很好的关系。

李可染的一言一行，她都很注意保存，她很早前就能感觉到将来李可染会有成就。这点我是很佩服她的。她每天只睡几个小时，起来就整理李可染的照片和资料，哪个人能做到？我哥哥的卧室里，堆积如山的材料，他经常说他就是生活在仓库中的。他的书堆积了半个床，邹佩珠经常睡沙发。还有我哥哥给我写的几十封信，邹佩珠都收藏得很好，几十年后她给我寄来，连我自己都忘了，我非常感动。

她的能力比我强，也是很坚强的一个人。她很有钱，但是她没有去游山玩水，而是沉下心来做好李可染的宣传。她个性要强，为了做好宣传李可染的事情，80岁时开始练书法，每天房间里都是写的书法，这种精神正是年轻人缺少的。

我再谈谈著名画家王肇民。王肇民和我哥哥是国立艺专的同学，和我们家关系一直很好。那一个班的同学都很了不起，都是家喻户晓的人物，如诗人艾青、李央，画家王朝闻、李群、庞勋勤、刘梦笔等人。

他最初在国民党"总统府"里做个小职员，南京解放后，我们就把他介绍到南京文工团工作了。20世纪50年代，湖北艺校的校长请他去当教授，这个学校后来迁到广州，改名广州美术学院，他就成了广州美院的教授。他在广州美院教美术，画水彩画，后在北京搞了个展览，十分轰动。王肇民是个个性极强的人，不善社交，说话耿直，有啥说啥，容易得罪人。我平时叫他"王唠叨"，但他很有才，画画好，诗也写得好。

他年轻时大部分时间是在徐州度过的。我记得他的一个故事。那一年，合肥文联请他到芜湖师范大学去讲课，同时邀他游览黄山。那年王肇民80多岁了，很高兴，很想游黄山。先是在文联人的陪同下去芜湖讲课。但到那里一看，人家准备得不是很充分，他转脸就走，从芜湖到南京来看望我。我就劝他们老两口不要如此。他就又回去了，先游览黄山，又到芜湖师范大学做了讲座，挺高兴的。

他回到南京见我，然后又要带老太婆一起去镇江写生。我看着那么一个大画家拄着小拐棍，拎着小袋子，与老伴一起走了。没几天，他打电话给我，说在镇江被车撞了。我和老李就去镇江看他。康复后他又来南京，到玄武湖、明孝陵等地写生，画了不少画。

他还给我写过好多信，我都保存着。临去世前，他还给我写过一封信。王肇民去世时九十多岁。可惜现在没他的消息了，宣传得太少。他的画可能都在他孩子们手里。这就是老一辈艺术家的典型，朴实，勤奋，执着于学问。

山水与异国：1959 年李可染访德期间
水墨风景作品研究

周 蓉

前人题雁荡山句云："欲写龙湫难下笔。"古人论画亦有"水口难安"之说。吾于去岁炎夏至雁荡写小龙湫，竟未成幅。今年来德意志民主共和国，游图灵根山区，见有飞瀑，不下我国龙湫，匆匆图写，更未见佳，因知前人经世之谈，信不虚也。

一九五七，可染并记。

李可染《横塘》（局部），1956 年
北京画院藏

格罗提渥总理代表德国艺术科学院授予齐白石
以德国艺术科学院通讯院士荣誉状

齐白石和格罗提渥总理一起看画

20世纪50年代中国与当时的德意志民主共和国（后简称民主德国）曾经有一段外交历史上的蜜月期。得益于这一时期的文化外交策略，中国的一些艺术家有了难得的访问欧洲的机会。当时赴欧的艺术家中有李可染、关良、傅抱石等。艺术的考察和访问只是政治、经济外交的附属，但是当政治格局、经济境况完全改变以后，甚至在一些国家已经不存在以后，文化艺术交往所产生的影响依然继续着。今天我们看到李可染在德国创作的这些作品，它们远离了行政指导，淡化了意识形态，因此作品中思考的问题就回到了艺术本身。这些作品中的情绪是平和的，气氛是比较轻松的，那些强加的负担都被暂时卸下，回望这短暂的一瞬，似乎历史曾经给我们机会来试试中国画的另一种可能性。

李可染在访德期间画了约十幅写生作品，其中有《易北河上》《麦森教堂》《德累斯顿暮色》《德国磨坊》《魏玛大桥》等。风景画是一种很单纯的题材，画家却在其中思考着复杂的问题，好在李可染的方式并不玄虚，也不急于求成，他对于这些问题的回答是踏实的。

历史背景与在德国的旅行

在乒乓外交之前，中国与民主德国曾经有过一段少有人知的"文化外交"时期。1953年，斯大林逝世以后，中国与民主德国的关系迅速升温。1956年民主德国总理格罗提渥，副总理兼外交部部长博尔茨访华，这在当时既是重要的政治事件也是重要的文化事件。周恩来总理接见了格罗提渥总理，并且发表了答辞。在格罗提渥来访期间，民主德国归还了1900年从北京翰林院散失并曾保存于德国莱比锡大学的三册《永乐大典》和10面义和团的旗帜。格罗提渥总理虽然是工人活动家出身，但是他似乎非常喜爱文化，他来到中国以后还就十年来民主德国的电影发展做了演讲，再加上总理一行人对于齐白石等人的会见，文化在这次的外事活动中成为了促进两国关系的桥梁。

根据《美术》杂志等媒体的报道，格罗提渥和博尔茨在访问我国期间，曾于1955年12月11日上午，由中华人民共和国文化部副部长夏衍，外交部礼宾司司长柯华，作家冯至，画家李可染等陪同，会见了中国著名画家齐白石，并且代表民主德国艺术科学院授予齐白石以德国艺术科学院通讯院士荣誉状。根据当时的报道，齐白石在此次会面中将自己的作品《春》送给格罗提渥总理，然后将《菊花蝴蝶》送给了副总理。[1]

1957 年的旅行是这一文化外交的延续，中国文化部安排李可染和关良访问民主德国，《关良回忆录》中关于这一部分的记载比较详尽：

1957 年文化部为中德文化交流协定的签订，在东德举办了一个中国大型展览会，并派遣我和李可染作为代表团成员去参加在东柏林举行的开幕式。

……我怀着激动而又惴惴不安的心情与李可染一起从北京出发，乘火车途经西伯利亚、莫斯科、捷克斯洛伐克等国，十多天以后才到达东柏林。

在柏林，我们受到了隆重的接待。

博尔茨（音译）副总理兼外交部部长（这是我回忆起的读音，可能有记错）在克林莫克教授家里为我们两人召开了欢迎会，他邀请了许多画家、雕塑家、版画家和许多社会上的知名人士来参加。即席展示了我们两人的部分作品，引起了博尔茨和在座人们的极大兴趣。博尔茨等人建议我和李可染将带来的作品在柏林艺术科学院开个展览会，以便让更多的德国人民有机会一起来评论、欣赏。……[2]

在展览以后，德国方面的对外友好协会还安排了李可染、关良去德国其他地区参观访问。特别准备了汽车、司机和翻译员。四人从柏林出发，沿着易北河访问了德雷斯顿（Dresden）、莱比锡（Leipzig）等地。李可染和关良在德国共考察了四个月，德雷斯顿印行李可染山水作品 7 件，在访问德国期间，两位艺术家大量观摩了伦勃朗等艺术大师的作品。

德累斯顿暮色——关于中国画的改造

在李可染访德期间，他以水墨的方式画了大量的异国风景，《德累斯顿暮色》是其中之一。《德累斯顿暮色》描绘的是德累斯顿大教堂（Dresden Cathedral）西面工程及广场，德累斯顿大教堂在易北河畔，一般的风景照片都是从河上看过去的景色，但是李可染的这件作品是从街头看过去的。在暮色之中，教堂只能看清轮廓，相对于明亮的天色，教堂的主体和近处的景物是暗的。在这异乡的傍晚，我们需要停止对于非黑即白的偏执，而要拥抱那些谜一样的、不明朗的、渐变的过程。李可染的德国水墨风景中是内容大于形式的，体现着哲学思辨性，这才是中西方艺术区别的核心所在。

这件作品的特点就是模糊、不明确，除了突兀的教堂尖顶以外，教堂就像是游离在空气中的黑影，近处的树和人似乎都要消失在夜色之中。

李可染对自己的作品有着很准确的认识，他说自己是"苦学派"，在《德累斯顿暮色》中读者感受到的是一种沉思、静穆，一种冷涩、凝绝。或许这种画中的情绪既是暮色之中教

李可染《德累斯顿暮色》，1957 年
北京画院藏

李可染《德累斯顿写生》，1957 年

堂的形象，也是李可染主观的心情。

1957 年，正是中国画改造如火如荼的一年。这一问题已经不再是关于画法的问题，而是被广义化了。

中国的水墨并不仅仅是一套媒介方法，更是一套有着深厚文化积淀的表达程式，这种程式在中国文化语境中有着极强的表达能力，春山如笑、冬山如睡是有着共同文化背景的中国人都可以读懂的笔墨。那么这套语序是否有局限性呢？是不是只能表现中国的、古代的山水呢？在表现现代社会时，在表现外国风景时，这套语序是否还行之有效呢？正如一位学生曾经在谈到中国画的用线问题时，问李可染"解放军的大棉袄属于哪一种描"[3] 这个问题是直白而尖锐的。

李可染可以借鉴的是齐白石对于桂林山水的描绘。

风景具有很强的地域性，桂林的山水与

江浙山水、北方山水大相径庭。可以说桂林的喀斯特地貌在中国山水画传统中属于一种方言，既不是南方的江岸汀渚，也不是北方的大山堂堂。这就需要一种新的文化关照，需要在水墨语言中进行新的探索。齐白石在这方面做了大胆而自信的尝试，但是他的这些山水作品也"理所当然"地受到了时人的冷落。李可染作为一名山水艺术家，在"可贵者胆"方面继承了其老师齐白石的衣钵，正如他为自己打气而写的"用最大的勇气打出来"那样。

而德国的风景更不仅仅是山川景物的不同，而是文化的不同。当李可染选择用水墨语言来表现这异国的山水时，他面临的挑战显然大于其老师：如果说桂林山水是一种方言，那么它至少还在汉语系之中；而用水墨表现德国风物则是跨越语系的、跨文化的。

相形之下，李可染的德国山水远远没有

他的老师齐白石的桂林山水那么单刀直入、简明畅快、洗练果敢。李可染的山水是不明确的、模糊的、过程性的，用墨更多而用线更少的。

李可染笔下的异国风景今天看来依然是个复杂的艺术命题。用水墨表现西方风景怎样才算成功呢？是更多体现异国情调还是更多探索笔墨语言的广泛性？

实际上"德累斯顿教堂"李可染还画过一张，但是那一张李可染仅仅用了《德累斯顿写生》命名，景物是一样的，但是用的方法不一样，从《德累斯顿写生》更能看出李可染的素描功底，这件作品中对于教堂的描绘更加贴近现实。

以水墨方式写生，是需要从头开始摸索的，邹佩珠回忆了李可染准备室外水墨写生的装备的过程：

1954 年李可染在黄山写生

> 伞是他根据雨伞改造的，不能用油布，油布虽能挡太阳，但没有光线，所以用的是白布。挡住太阳是以免影响他思考改革中国画的问题。而且伞要大，因为太阳是转动的。他还根据自己的高矮做了一个马扎，要稳。油画的调色板是一块木板，因为油彩在调色板上不流，中国画的墨和色彩都要用水调，就不行，他就定做了一个九个格子的调色盒。这些都是围绕改革做的准备工作。马扎、画板、伞，都是自己设计的。研究这些问题就要研究到底。水壶呢，最初他在地摊上买了一个日本水壶，抗美援朝后又买了一个美国水壶，上面带一个吃饭的盖子，非常方便，笔洗、水壶就成了一套。

不仅在工具上作了准备，李可染在出发前，还用这些东西在北京做了一个实验，一个早上他在北海公园画过一条道路。[4]

除了物质准备，心理上的果决是更重要的。在当时的历史气氛下，人们对于水墨写生、中国画前途、中国画改革等等问题是充满了怀疑和忧虑的，邹佩珠女士还回忆："李可染去改革中国画时，曾经听人说：现代的交通工具能进到中国画里面去吗？因为传统中国画画的都是轿子、驴、马、独轮车。红旗能进入到中国画去吗？能感觉和谐吗？现代的建筑、洋房能进入到中国画吗？当时有两拨人，一种是虚无主义，对传统不了解的人，还有一种传统的保守的。……李可染要弘扬民族文化，不辞艰辛，处处艰难，在当时是要'沾一身腥'的，是为封建主好，是好鸦片。他背负这些压力。1942年他要打进去，到1950年，已经8年了，现在要打出来。他带着一系列问题，红旗、现代建筑、洋房能否进入中国画？在上海时，住上海美协，窗户一开，对面是洋房，就画了洋房，那边是一条街道，都是卖小吃的，他都画进去了，这些都是现代的建筑。"[5]

历史总是这样的，它提出要求，摆出壁垒，然而在当时的历史条件下要超越这种限制是极为困难的。历史是苛刻的出题者，它不提供线索和帮助。怎样破题？当时的办法只有一个：能理解多少就理解多少，有什么感受就表达什么感受，会什么方法就用什么方法，这是一种实事求是的态度。坚持守旧或者全盘西化都是不切实际的，一步到位的功利主义只会带来恶果，李可染有"实者慧"的精神，他以知之为知之的态度做出回答。

来到德国的时候，李可染对于自己的水墨写生创作是很有信心的，毕竟在1954年的江南写生和后来的1956年的写生旅行以后，李可染不仅在技法，而且在各个方面都有了更加成熟的准备。

当暮色隐没了教堂，辉煌化为一种安静、肃穆的气氛，即使第一次踏足德国的李可染也受到了感染，这是精神上的共鸣，此时思考、徘徊、理性的反思等等似乎也随着暮色渐渐笼罩过来，这种思绪大概是东西方不同文化背景的人都可以领会和感受到的，是两种文化重叠的部分。

我们无法非常准确地将李可染的海外的水墨风景与中国画改造对应起来，因为毕竟这些作品与这个议题的地理距离有些远，可是太近的距离只会让我们"失焦"，只有当我们与事实有适当的距离的时候才能看到"庐山真面目"。或许正是因为距离比较远，历史给了李可染一个难能可贵的冷静思考的过程，在这里他暂时卸下包袱，排除干扰，仅仅从艺术的角度来适度地探讨"中国画是否过时了呢"这个问题。因此虽然他在德国的作品不多，却是极有启发性的。

李可染所处的时期是传统中国画向现代水墨过渡的时期。正如《德累斯顿暮色》一样，李可染没有给我们一个答案，只是描绘了一个过程，一种趋势。过程和趋势也是答案的一种形式。

中西方法的相互参酌

李可染在德国大量观摩了伦勃朗的作品，对于西方绘画中的明暗法有了更加深刻的体会，加之他有很好的素描、写生功底，对于西方现代艺术并不陌生，所以他在德国创作的水墨风景画就像层积岩一样叠加着丰富的文化意义。

李可染对于西画并不排斥，毕竟他不再像他的老师齐白石那样是完全从传统中走出来的人，而是一开始就有较为广阔文化视野的艺术家。而且，他也意识到这是他的优势。1929年李可染考取了杭州国立艺术院研究部研究生以后，所学的专业就是素描和油画。他的老师就是克罗多先生，克罗多的画风主要是后印象派，李可染深受其影响。李可染回忆这段学习经历：

　　西洋画我也学过。西洋画造型准确、明暗、光感的分析，色彩的运用，都是很好的。十七八世纪受自然科学的影响，艺术的表现力跟着提高，这是优点。印象派是 19 世纪在西方崛起的一种新兴艺术流派，它运用外光有重大发展创造。印象派对色彩与光的关系进行了科学研究。你要是到欧洲博物馆观赏历代油画，就会明显感到印象派以前的绘画，色彩都较为灰暗，而看到印象派，画面就忽然光亮起来。印象派在光和色上都有所发展。[6]

　　在没有访问德国以前，李可染就认为素描、明暗等这些造型能力基本功，不管是在中国画中还是在西画中都是非常重要的，而且专门撰写过《谈艺术实践中的苦功》一文。李可染并不认为学习素描会妨碍中国画基础，他说："有人说，学中国画的学了素描有碍民族风格的发展，我是不同意这样的看法。"[7]这是一个技术层面的问题，只要能够提高造型能力的方法皆可采用，何必计较是西洋画法还是中国画法呢？

　　如果说到西方绘画的技法的运用，其实李可染在赴德前一年所画的《横塘》等作品中的西画的痕迹更加明显，不仅在船、桥和屋宇的造型方面大量借鉴了透视，而且在色彩方面主要是以明暗和色调为准，而不是以笔墨为主。所以，在这件作品中，西方的技法，水乡的景色，笔墨的运用是你中有我，我中有你的，那么中西的界线在何处呢？

　　李可染在德国的水墨风景画基本上都是

李可染《横塘》，1956 年
北京画院藏

李可染《歌德写作小屋》，1957 年
北京画院藏

写生创作，既然说到写生，对比实景照片与作品往往更能还原现场。李可染对于山水画的取景非常重视，他认为并不是什么景物都可以入画的，山水画家在选取画什么的时候就需要有眼力，需要"很仔细地选择对象"，"写生并不是说任何东西都可能入画，画的内容应有所选择。境界比较好，富有时代气息，有刻画的价值，才可以入画，并不是看到什么画什么"[8]。在德国访问期间，虽然沿途风景很多，但是李可染的创作却是惜墨如金的。在他眼中，歌德写作的小屋可以入画，因此画了《歌德写作小屋》这件作品。探访文化名人旧居不仅仅在中国，在国外也有着相同的情结。《歌德写作小屋》与李可染另一张《鲁迅故乡绍兴城》一样都有着无尽的画外之意。歌德在来到魏玛不久之后于 1776 年 4 月买了这个小屋，他在这个小屋里面一直工作和生活直至 1782 年，而且在搬离小屋之后的十五年中依然将之视为自己的书房。1886 年这里被改建为一座博物馆。在李可染的作品中《歌德的写作小屋》的森林更为茂密，一个略带俯视的视角让这座小屋处于寒林的意境之中，这是李可染的匠心独运，是对于现实的升华。

在《歌德的写作小屋》中，茂密的森林，静谧的环境，朴素的小木屋亲切而适意，木屋的式样也是非常符合德国传统，大屋顶，小窗户，横木板，简单而实用。并不会因为用水墨的方法画外国的建筑而让人觉得奇怪，苍润树荫下的小屋反而让人有一种山林隐居之感。这种环境让人感到田园般的宁静和悠然，对于自然和自由的爱好，对文化和艺术的喜爱，这也是不管东方还是西方都会有的

精神追求。因此，这件《歌德的写作小屋》显得贴切而亲切，意境深远。

李可染在其山水中时常借助素描观念，而在这些描绘德国的水墨风景中则更加大胆地加以运用。李可染和关良都画过麦森教堂，而且其角度也几乎一样，两位画家应该是在差不多的地点支起画架"并肩作画"的，在这个主题中以中国画方法描绘的麦森教堂无论在整体和细节的造型上都并不亚于油画，而且李可染的构图让教堂看起来更加高远，减弱了作品中的色彩，淡化其世俗气息，以中国画丰富的墨色烘染出教堂令人仰望的崇高之感。

实际上迈森教堂所处的位置是街道的旁边，可是李可染笔下的麦森教堂却无车马之喧，反而更有安静与古意。将李可染、关良的作品以及麦森教堂的实景照片放在一起，我们可以明显感受到受过中西方艺术训练的李可染的眼睛和手是怎样精确而细微地表达景物的。2011 年邹佩珠在回忆李可染的写生时候谈到《麦森教堂》这件作品："画《麦森教堂》时，是很多德国人站在后面围着他完成的。没有打稿子，就是当场用毛笔画出来的。他们说：我们每天从这个教堂前过，没觉得它美，经你老先生一画才发现它这么美。他（李可染）后来晚年给我（邹佩珠）说：自己的手那么准，画的线笔挺的。我的体会，画中很多人……如果放大了，都不知道是什么，脑袋只用笔抹了一下，但仔细看（是）那些洋人（的样子），个子高高的，挺挺的。"[9] 即使是写生创作，教堂的崇高精神之力和中国人习惯的水墨晕染氛围都得到了很好的保存

和传达。

除了名人故居、名胜之地，有些山村小景也让李可染颇有感触，水村山郭不也是中国画中常有的主题吗？而且，李可染决定在这件作品中将水墨笔法进行一些突破。

《德国磨坊》带有更强烈的欧洲情调，近处水车如硬笔书法一般的"X"以及德国民居中的横平竖直都强调了德国建筑的特点，巨大的树影对这种异质的风景略微起到了调和的作用。李可染曾经提出过"意匠"的概念，达到"意匠"主要有三种方法，"剪裁""夸张""组织"，他在讲到"夸张"的时候说"艺术应把现实中最重要的拿来，强调表现。夸张是在感情上给人以最大的满足……艺术要求抓住对象的本质特征，狠狠地表现，重重地表现，强调地表现"[10]。显然，这里的"X"就是重点，为了突出这种特质，李可染甚至可以暂时放下笔法，挑战一下笔墨的禁忌：匀直如尺的墨线。但整幅作品又并不是单纯的"水彩"或"墨彩"，它在表现西方风景的同时依然保持着水墨的格调。李可染用一种心平气和的方式坦然地描绘目之所见，就好像描绘他前一年所画的《嘉临江边村舍》一样寻常景色，乡村的朴拙并没有因为在中国或在德国而不同。

在《魏玛大桥》之中，李可染亦十分巧妙地试验了这种方法。一方面是用横平竖直表现魏玛大桥的这座现代桥梁，另外又以树木掩其锐气。看《易北河上》会有点眼熟的感觉。这

李可染《魏玛大桥》，1957年
北京画院藏

李可染《麦森教堂》，1957 年

关良《麦森教堂》

李可染《德国磨坊》，1957 年
北京画院藏

李可染《嘉临江边村舍》，1956 年
北京画院藏

李可染《钱塘江远眺》，1956 年
北京画院藏

李可染《易北河上》，1957 年
北京画院藏

种边缘留白的布局和一望千里的构图是李可染擅长的，他在《钱塘江远眺》和《嘉临江边村舍》中都运用过，尺寸千里是中国画的构图优势。德国是森林国家，广袤的森林在其文化中占有重要的地位。黑森林、白易水，李可染是在德累斯顿外珊里须山上写生画的风景，这是典型的德累斯顿易北河畔景色，但是这样的景色缺少一种中国山水中常见的变化韵律，间或出现的西方别墅小屋多多少少打破了这种沉寂。

另外，李可染还创作了《德国森林旅馆》《德国写生》等作品，这些作品也都记录着李可染以德国风景为对象的探索水墨写生创作的进程。

山水或是风景

李可染在德国画写生的时候有一件作品名为《德国飞瀑》，这件作品很有趣，

李可染《德国森林旅馆》，1957 年

李可染在题跋中写道：

前人题雁荡山句云："欲写龙湫难下笔。"古人论画亦有"水口难安"之说。吾于去岁炎夏至雁荡写小龙湫，竟未成幅。今年来德意志民主共和国，游图灵根山区，见有飞瀑，不下我国龙湫，匆匆图写，更未见佳，因知前人经世之谈，信不虚也。

一九五七，可染并记。

李可染谈起雁荡山的瀑布和德国的瀑布，就好像它们隔得不远一样。作为一位艺术家，李可染对于中西艺术的区别有着直接的体会，他说"中国画不讲风景，而讲山水"[1]。实际上也确实如此，中国的山水之中，除了道的精神以外，还有很多时候承载着作者的感情，而西方的风景往往在平静之中引发哲学的沉思。如果从这方面来说，李可染的这些在德国的水墨风景作品确实多多少少浸染着西方思辨的色彩，有着哲学的意味。但是仅仅从画面上直观地来说，"风景"和"山水"之间的差距真的很大吗？如果画面中没有建筑，没有人，只是自然景物，"双兔傍地走"，雄雌恐难分辨。山水和风景确实是两个不同的概念，但是当创作的时候，如果拘泥于此，

李可染《德国写生》，1957 年

李可染《德国飞瀑》，1957 年

1957 年出版的德文《国画》中刊登的李可染作品

或许并不明智。不同就是不同，并不需要夸大，特别是在 20 世纪现代水墨的转型之中，概念上的执念已经过多地影响了绘画的创作。

值得一提的是德国是一个有着悠久汉学传统的国家，加上曾经在欧洲大陆风靡一时的日本艺术和印象派等艺术，德国的观众对于中国水墨艺术并不感到陌生，相反他们的许多艺术家、爱好者都对中国艺术表现出了极大的兴趣。正如李可染在回忆那段访德经历时说海勒看到中国画展以后评价很高，而且觉得自己用色已经不多，在看到中国画以后更要减少。在看德国的歌剧的时候，当李可染赞叹德国歌剧布景立体的时候，同行的德国同伴却觉得中国画的平面性更有价值。有趣的是，李可染留在欧洲的作品基本上都是极富有中国画传统特色的作品，如捷克布拉格博物馆收藏的《归牧图》《春雨江南》等，在 1957 年出版的德文版《国画》[12] 中也有数张李可染的牧童作品。文化，有区别才丰富多彩，才有趣，如果整齐划一那将是一个多么无聊的世界。

1 《格罗提渥总理、博尔茨副总理访问齐白石并代表德国艺术科学院授予齐白石通讯院士荣誉状》，《美术》，1956 年 1 月，第 14 页。
2 关良口述、陆关发整理：《关良回忆录》，上海：上海书画出版社，1984 年，第 104、105 页。
3 李可染：《李可染论艺术》，北京：人民美术出版社，2000 年，第 8 页。
4 北京画院编：《千难一易·李可染的世界写生篇》，南宁：广西美术出版社，2012 年，第 289 页。
5 同注 4，第 291 页。
6 李可染著、李小可编：《李可染山水写生论稿之谈学山水画》，北京：人民美术出版社，2017 年，第 66、67 页。
7 同注 3，第 61 页。
8 同注 3，第 70 页。
9 同注 4，第 294 页。
10 同注 3，第 38 页。
11 同注 3，第 126 页。
12 Adolf Hoffmeister, *Guo-Hua*, Czechoslovakia: Artia Prag, 1957.

黄宾虹《溪山深处图》（局部）
浙江省博物馆藏

观 点

黄宾虹《焦墨山水》（局部）
浙江省博物馆藏

究于风气：
1943 年黄宾虹"八秩纪念书画展"的幕后故事

吕作用

黄宾虹"八秩纪念书画展"在抗战期间的上海孤岛举办，出发点是为了庆祝黄宾虹八十诞辰，又是黄宾虹生平第一次个展，因而其意义不言而喻。经傅雷、裘柱常及黄宾虹沪上友人的努力，此次展览在作品展示、参观人数、画件出售、特刊编印、社会反响等各方面都取得极大的成功。"八秩纪念书画展"及相关推介活动，不仅使黄宾虹的润例有了一定的提高，艺术形象也变得更加丰富。通过展览，傅雷的策展能力得到了全面展现。从这个意义上讲，这次展览既属于黄宾虹，也属于傅雷。

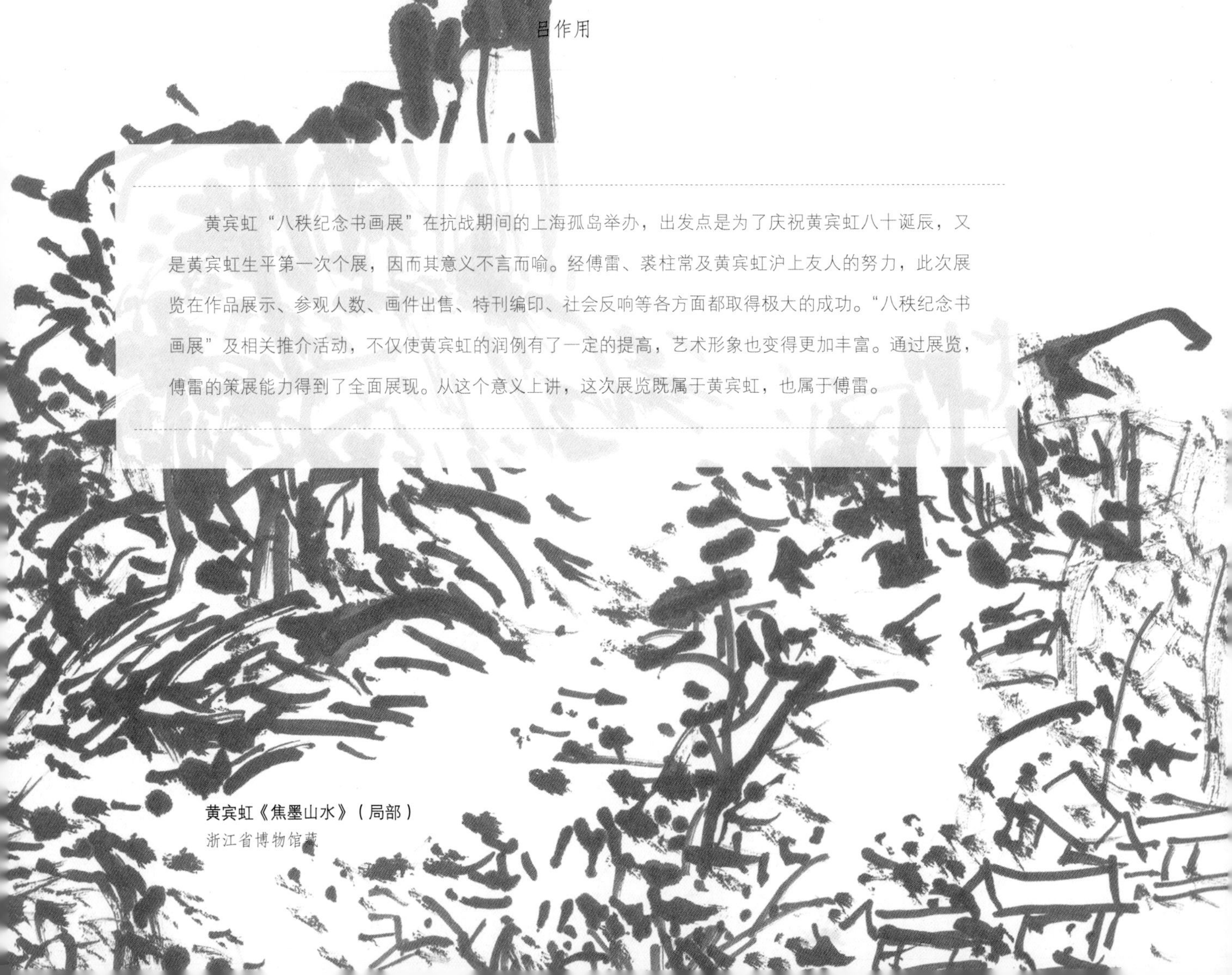

黄宾虹《焦墨山水》（局部）
浙江省博物馆藏

傅雷拍摄的黄宾虹像

傅雷在黄宾虹八秩书画展现场

关于黄宾虹"八秩纪念书画展"的研究已有不少成果，专题讨论的有华振鹤的《傅雷为黄宾虹筹办"八十书画展"》、胡震的《傅雷与"黄宾虹八十书画展"》、张长虹的《美术展览与艺术理想——以1943年"黄宾虹八秩纪念画展"为中心》、拙文《八秩纪念书画展——傅雷与黄宾虹交游考》、吴洪亮《独立策展人：傅雷——以"黄宾虹八秩诞辰书画展览会"为中心的研究》等，此外还有一些关于傅雷与黄宾虹交往的文章对此次展览也有所涉及。有趣的是，研究者们似乎经过约定一样，都是从傅雷的角度讨论展览的。这一现象自然有其合理性，整个展览几乎是傅雷一手策划的，傅雷对于展览的重要性值得我们一再强调，但这也在一定程度上限定了我们对黄宾虹"八秩纪念书画展"本身的认识。当然，有关黄宾虹的传记类著作中常提到"八秩纪念书画展"，但大多内容简单，

诸多方面均未涉及。鉴于此，笔者在上述研究的基础上，根据现有史料，对此次展览最基本的要素——时间、场地、展品、人物、费用等——做一梳理。

岁在癸未

时间是历史的挂钩。因为时间，历史事件有了确定的坐标点。谈及黄宾虹"八秩纪念书画展"，首先应该关注的无疑是1943年——旧历癸未——这个历史年份。它不仅仅是此次展览的一个时间坐标，通过对这个时间点的分析，还能够解释跟展览相关的一些问题，比如展览的缘起、主角的缺席、经费的筹集，等等。

关于书画展的缘起，上述研究均有所提及，即前有陈柱尊和段拭的意愿，后有傅雷的筹划。[1]黄宾虹在与顾飞的通信中谈到了他

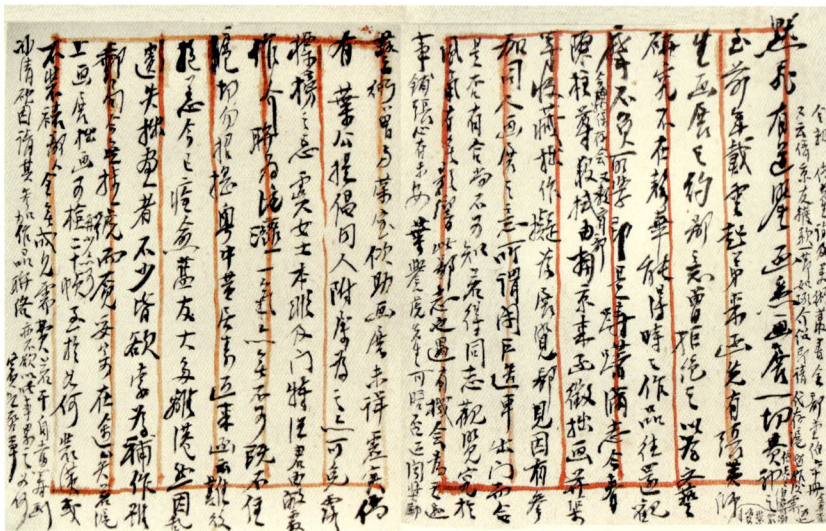

1943 年黄宾虹致顾飞函之一

1943 年黄宾虹致顾飞函之二（局部）

对展览的意见，他说：

> 前年戴云起弟来函，先有张、黄师生画展之约，鄙意曾拒绝之，以
> 为文艺研究，不在声华，能得时时作品往还观摩，不负所学，即是踌躇
> 满志。今春陈柱尊、段拭由南京来函，征拙画并渠等收藏拙作，拟为展
> 览，鄙见因有参加同人画展之意，所谓闭门造车，出门而合，是否有合，
> 尚不可知。若得同志观览，究于风气有无影响，此鄙志也。[2]

　　黄宾虹意在说明自己愿意做展览，是为了让同人检验自己的作品。
然而这段文字中的两个表示时间的词语——"前年"和"今春"——似
乎也透露出一个重要信息：他关于展览的态度的转变。那么，为什么"前
年"曾拒绝的事，到了"今春"就同意了呢？其中的原因可能是复杂的，
但此信写于 1943 年，这个年份可能也是促使他改变态度的原因之一。
　　黄宾虹生于 1865 年 1 月 27 日，旧历乙丑正月初一子时，按照今天
的算法，到 1943 年七十八岁，哪怕按虚龄算也只是七十九岁。可是在
他自己那里，至 1943 年即已八十岁。他曾说："余降生于前清同治三年，
岁次乙丑，正月子时，因未立春，星命家以为甲子年。"[3] 就是说，虽然
他的生日不论公历还是旧历都是新年了，但距立春节气尚有十余日，

所以要算前一年，即甲子年。按此算，至
1943年（立春之后），他刚好虚龄八十岁。中
国人有逢"十"做寿的传统，就在十年前黄
宾虹七十寿辰之际，其沪上友人弟子便筹资
为其刊刻《纪游画册》，以此观之，在八十诞
辰之际办一展览，于他也顺理成章。如果这
一推测成立的话，那么促使他改变主张的就
有可能跟1943年他年届八十有关了。

当1943年11月19日至23日黄宾虹"八
秩纪念书画展"在上海顺利举办的时候，展
览的主角黄宾虹却在北京。其中缘由是多方
面的，但依然可以从1943这个年份中得到部
分解释。

1937年4月中旬，黄宾虹应北平古物
陈列所之邀，从上海迁北平，从事古画鉴
定，同时被聘为北平艺专教授。卢沟桥事变
爆发后，一度想南返，但因家眷已北上而不
果。此后日伪政权控制北平八年，黄宾虹只
能拖家带口蛰伏古都。1943年展览筹办的过
程中，沪上友人也力邀其南下，但在被占领
的土地上，不要说长途跋涉，进出城都要面
临重重检查。带着一家老小，经过层层关卡，
面对敌人的种种盘问，而作千里之行，对一
个八十岁的老人而言，其困难难以想象。

我们以1943年中国正处在抗日战争的困
难时期这一历史大背景下考察黄宾虹"八秩
纪念书画展"，很多问题都能得到新的解释，
比如作品的定价，寓沪友人的生活状态等等。
鉴于前人已有所论述，在此不赘。

关于展览的具体时间尚有一疑问。据傅
雷致黄宾虹信函，画展最初定在9月底："尊
作画展闻会址已代定妥，在九月底……不知

吾公以为何如？"[4]此后函中并未提及延迟的
原因，恐怕跟筹备周期有关。

宁波同乡会

上文提及，1943年黄宾虹蛰居北平，为
什么展览避近就远，要在上海举办？最主要
可能是傅雷、裘柱常等人在上海的缘故。试
想，假设如黄宾虹信中所云，展览由陈柱尊
和段拭等人经办的话，地点可能就会选择南
京。当然，在上海举办无论在设施方面还是
市场方面都是最理想的。这里尤其需要说明
的是展览的具体场所——宁波同乡会。

作为场地的宁波同乡会应该称为"宁波
旅沪同乡会会所"。宁波同乡会首先是一个社
会组织，其前身是"四明旅沪同乡会"，其会
所曾先后设于福州路、九江路、河南路等地。
1921年，位于西藏路的新会所落成，为一座
五层西式建筑，内设礼堂、餐厅、招待所、藏
书处、陈列所等，不仅为同乡会组织提供办公
场所，也成为公众娱乐消遣之处。宁波同乡会
会所内部空间宽敞明亮，且设有电梯，其四楼
的聚餐室和五楼的画厅成了20世纪三四十年
代上海展览会的绝佳场所。[5]黄宾虹"八秩纪
念书画展"在宁波同乡会的四楼聚餐室举办，
由于前一天借给他人办喜事，致使布展工作连
夜进行。[6]这也说明了其受欢迎程度。

宁波同乡会不仅设施好，地段也很好。
其所坐落的西藏路在原公共租界内，是公共
租界中区和西区的分界线。1937年至1941年
12月太平洋战争爆发前，公共租界一直保持
中立，成为民众的避难所。在1943年1月之

前，一直有治外法权。书画展虽然不涉
及政治，但也要考虑手续审批及安全问
题。傅雷在信中有"捕房登记已另托熟
人"[7]语，可知宁波同乡会所在位置彼时
还是归工部局管理，比起其他由日伪政
权控制的地方要安全得多。另外，从 20
世纪 20 年代后期开始，该区域便是上海
最繁华的地段之一。西藏路上有若干家
上海著名的百货公司，商业气息十分浓
厚。因此，在这里举办展览，对作品的
市场推广非常有利。综合上述考虑，宁
波同乡会的确是一处理想的展览场所。

　　除了这些客观的因素外，展览之所
以订在宁波同乡会可能还有"人"的因素。
当时上海有一中国女子书画会组织，顾
飞便是其中的发起人之一，黄宾虹的另
一女弟子朱砚英是执行委员。执行委员
中，有一位虞澹涵者，为上海美专毕业生，
曾问学于黄宾虹。黄宾虹曾表示愿意让
她参与自己的师生合展："虞女士本非及
门，特汪君由敝处作介，联为沆瀣一气，
亦无不可。"[8]而虞澹涵的父亲虞洽卿曾
任宁波同乡会会长二十多年，虽然彼时
已辞去会长一职，但其声誉犹存，宁波
同乡会所在的西藏路在 1936 年后一度改
名为"虞洽卿路"，至 1943 年才改回原
名，其影响力可见一斑。因此，当裘柱常、
顾飞夫妇为展览寻找场所时，宁波同乡
会自然就成了首选之地。

黄宾虹《湖山欲雨》，1952 年

私人收藏，黄宾虹题赠傅雷

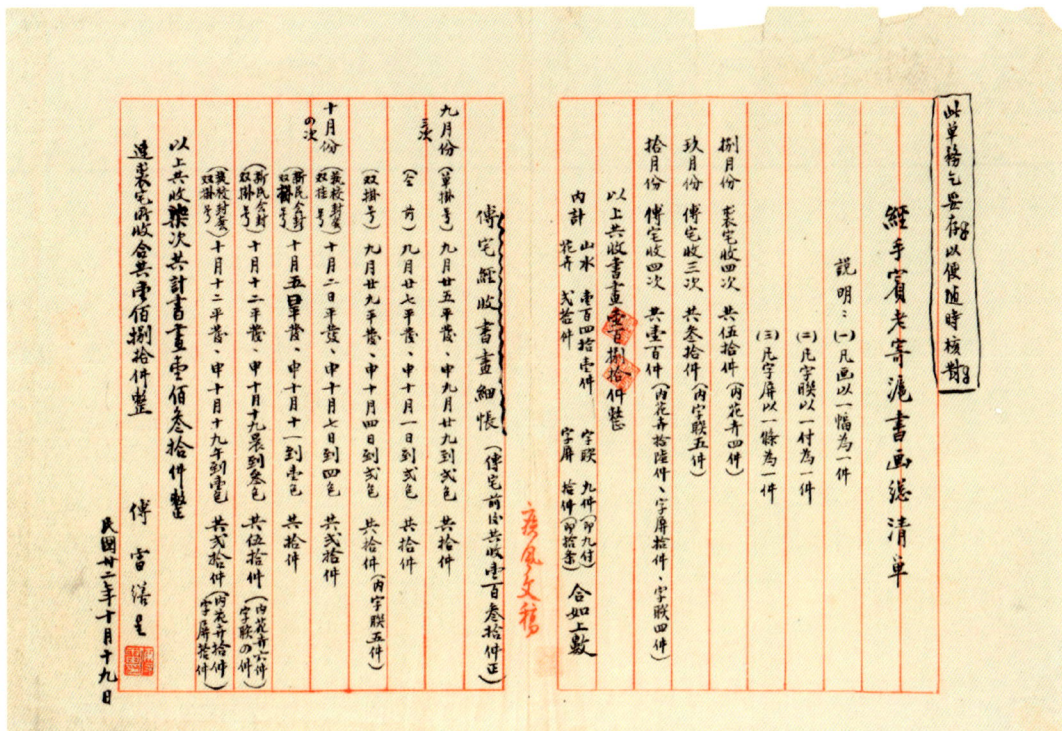

傅雷经手黄宾虹寄沪书画总清单

宝绘名迹

"八秩纪念书画展"都有哪些作品，应该如何陈列？这在傅雷致黄宾虹的信中曾多次提及，他说：

尊作展览时，鄙见除近作外，最好更将壮年之制以十载为一个阶段，择尤依次陈列，俾观众得觇先生学艺演进之迹，且于摹古一点吾公别具高见，则若于展览是类作品时，择尤加以长题、长跋，尤可裨益后进；此意曾为默飞伉俪道及，不知尊意如何耳！将来除先生寄沪作品外，凡历来友朋投赠之制，倘其人寓居海上者，似亦可由主事者借出，一并陈列，以供同好。[9]

黄宾虹从 8 月份开始从北京向上海寄作品，由裘柱常、顾飞夫妇收件，9 月份起改为寄到傅雷处。据傅雷开列的《经手宾老寄沪书画总清单》，8 月份裘宅收 4 次，计 50 件作品（其中花卉 4 件），9 月份傅宅收 3 次，计 30 件作品（其中字联 5 件），10 月份傅宅收 4 次，计 100 件作品（其中花卉 16 件，字屏 10 件，字联 4 件）。由此可知，黄宾虹为展览寄到上海的作品一共有 180 件，包括山水 141 件，花卉 20 件，书法 19 件。[10]研究者在谈及展览作品时，都说展出 180 件，大抵根据此清单。不过，这些作品或许并没有全部展出，傅雷在展览后的信中说："售画总数为 160 件（花卉、字在内），余下 17 件暂存敝寓，以待后命。"[11] 则展出的作品与上述清单所计少了 3 件。傅雷在 11 月 3 日的信中谈到黄宾虹学生朱砚英购画一事，称款项不列入画会账内，"画件亦当在会外另册登记"，[12] 可能就是少计入的 3 件作品。

毫无疑问，此 177 件都是黄宾虹从北京专为展览寄沪的作品，但展出的作品还不止于此。傅雷在展览开幕当日的信中提及："陈列之品尚有藏家非卖品三十九件，俱风雨楼、秋庵、吹万楼等各处所藏吾公旧制，琳琅满目，得未曾有。"[13] 加上这 39 件，合计展出作品的总数为 216 件。

除了海上诸家旧藏外，黄宾虹所寄作品多为近作。他在致裘柱常顾飞夫妇的信中有言"拙画均系近年新作，从未示人"[14]。而在另一通致朱砚英的信中说的更明确：

展览之作，系前十年来，笔意未尽脱化，处处在矩矱之中，观者当鉴鄙人练习之勤，与参考各家不为放诞而已。[15]

关于作品的装裱与展示，"八秩纪念书画展"也有独特之处。装裱方面，"大部分已由裱工于背后衬托料半一层，再用小条绫子贴于牛皮纸轴上。如是则画面熨帖平复，益增美观"[16]。在作品展示方面，黄宾虹主张"宜稍宽舒，不宜过密"[17]。这与傅雷的主张是一致的，因此在布展中得以落实。"旧作以年代为序，新作以尺寸色彩搭配，务期和谐醒目，会场灯光特换大号灯泡悬挂，亦从宽舒，顾

与一般情形不同。"[18] 这些，主要应归功于傅雷不落俗套的策展观念。

旧雨新知

这次展览最关键的人物是策展人傅雷，鉴于相关研究已经很多，在此不再讨论。除了傅雷，参与较多的还有裘柱常、顾飞夫妇及黄宾虹的几位朋友。

顾飞是黄宾虹的学生，也是傅雷的表姐。傅雷正是在她家里看到黄宾虹的作品，并在其帮助下才开始与黄宾虹通信的。在展览筹备之初，黄宾虹也是直接把作品寄往裘柱常、顾飞夫妇处。此外，黄宾虹还把自己为特刊所撰的《自叙》及为画展拟的广告稿寄给裘顾夫妇，可见对他们的信任。当然，由于傅雷主动操办，加上裘柱常、顾飞夫妇日常工作较忙，所以更多时候裘柱常更像是策展助理，分担一部分工作。比如代订场地、对部分作品进行拍摄以备印刷、布展及会场应酬等。傅雷在一通信中谈及他们之不易，云："裘君迩来身体常有不适，大概景况亦有关系，教师清苦可慨也，但仍力疾到会。默飞则以课务繁羁，甚引为憾，但与会务并无关系。"[19]

虽然说展览的筹备工作以傅雷为主，裘柱常协助，但黄宾虹的沪上亲友中也有不少参与并分担了各种事务。友人如王秋湄对画展及特刊等事屡有建言，秦更年联络画册印刷事宜，吴仲坰负责将画款存入金城银行黄宾虹账户，姚石子、高吹万等积极介绍购画者，徐丹甫为画册题签，马公寓为画展题名。学生中，除了顾飞，朱砚英和黄冰清也时有帮忙。

展览期间，会场事务由傅雷、裘柱常负责，傅雷夫人朱梅馥招待女眷，另有他们的友人、黄宾虹侄子黄树滋及其友人帮忙各种事务，傅雷在信中有云：

此次会场招呼诸人，除裘君暨愚夫妇外，总管账务者有朱（裘君同事）、严（敝处老友）二位，招待来宾者有陈佑泉、毛君（毛乃吴斌臣派来伙友）、郁君（美古斋装池主人）三位，看守桌面零星画件者有汪君（树滋兄店内伙友）一位，值夜看守者吴（树滋兄派来）、毛（即吴斌臣伙友）二位……上海美专旧同事张天奇亦来临时帮忙。[20]

值得一说的还有展览发起人名单。虽说展览真正的"发起人"当数傅雷，但请柬上的发起人名单中，傅雷坚决不署自己和裘柱常、顾飞夫妇名字，只列18位黄宾虹的旧友，且多次与黄宾虹商量，可见他对此的慎重。遗憾的是，由于年代久远，当年的请柬已十分难觅，因而具体列名很难确知。笔者经过对傅雷书信的仔细审读，考出其中的16位，他们是：张元济（菊生）、李宣龚（拔可）、陈敬第（叔通）、邓实（秋枚）、高燮（吹万）、秦更年（曼青）、王蘧（秋湄）、姚光（石子）、吴仲坰（载和）、郑昶（午昌）、胡忏（朴安）、童大年（心安）、关善（春草）、徐识耜（丹甫）、景耀月（太昭），尚有2位不确定，疑为王禔（福庵）、邓春澍（青城），存此俟考。

黄宾虹《松风琴韵》，1954 年

私人收藏，黄宾虹题赠傅雷

广而告之

展览既为宣扬"绝艺",相关材料自不可少。上文所言列有发起人名单的请柬便是其中之一,可惜遍寻不得。按照当时惯例,举办书画展尚需在当地报刊上发布广告,而且是以发起人的名义。但为了从简,黄宾虹"八秩纪念书画展"却不刊登发起人名单:"惟列名请柬诸公台衔,只印入请帖内,将来报端概不刊登,以示简朴,此系诸同人主张。"[21]今见于《申报》《新闻报》的广告果然未见发起人名单。《申报》刊登《黄宾虹八旬画展》广告曰:

黄君宾虹,高年绝艺,一代画宗,今逢八秩大庆,就积稿中,择其精藻,益以花卉篆书,得百数十件,定于国历十一月十九日至二十三日,假宁波同乡会四楼展览五日以供众览。[22]

同时《申报》还刊登了马公愚题写的"黄宾虹书画展"广告,[23]而《新闻报》上也刊登了这一广告。[24]另外,黄宾虹自己曾经拟了一则广告语,附于致裘柱常、顾飞夫妇信后,有云:

黄叟宾虹二十年来,读画看山,从无虚日。纪游山水,不欲泥古,尝因装裱,未便携带,赠友之外,自存百数十件,附有花卉篆书,悉出展览。兹假□处□日,共□□天。雅好诸君,惠临是荷。

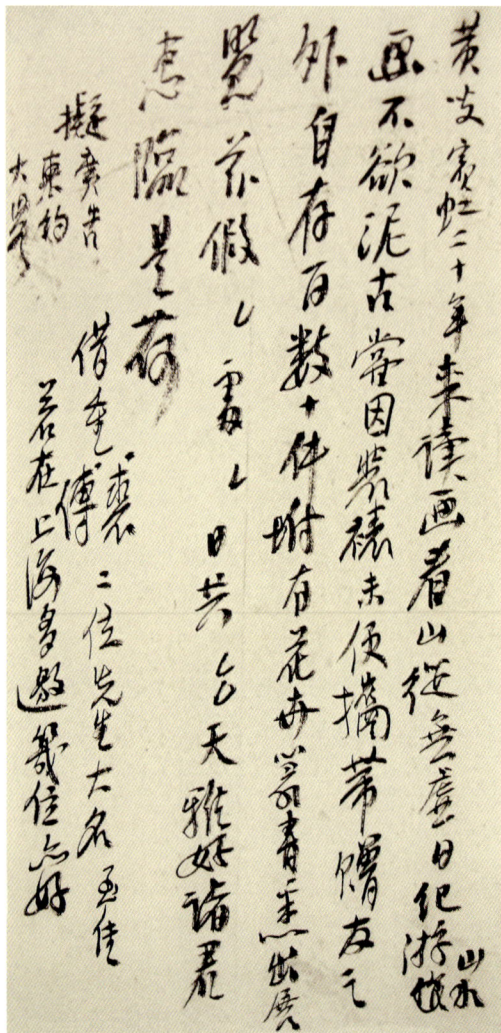

黄宾虹草拟的书画展广告

从刊登在报纸上的广告内容看,这则草稿并未被采纳。

在有关展览的宣传材料中,最为重要的可能要数特刊。傅雷原打算找一家杂志为展览出一专辑,后来鉴于杂志性质、字数等问题,经诸人讨论,改出"单行小册",即后来的《黄宾虹书画展特刊》。《特刊》内容可概

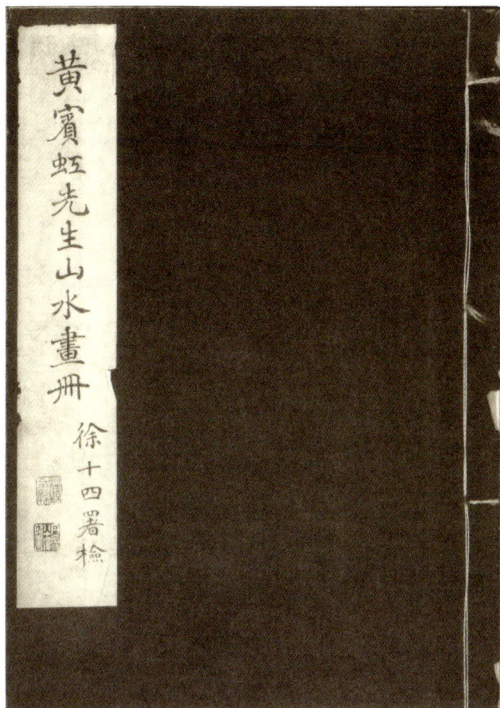

《黄宾虹先生山水画册》书影

括为三部分：其一为黄宾虹的《自叙》和《八十感言》；其二为友人的祝寿诗，包括陈叔通的《寿宾翁诗》、关善的《寄潭上翁》、野残的《祝宾虹先生八十寿》、婴暗居士的《题宾虹翁画展特刊》、丹叟的《宾虹八十正庆》；其三为友人撰写的文章，有摄堂的《真画》、高燮的《吹完楼读画记》、移山的《观画答客问》、尘隐的《山水画漫谈》和顾飞辑的《宾虹先生论画鳞爪》。其中"移山"即傅雷。

另一份重要资料是画册，内精选黄宾虹山水作品 20 幅，由鉴真社承印，封面有徐丹甫题签"黄宾虹先生山水画册"。由于摄影制版等要求较高，至画展举办期间，画册尚未印出，只在展厅预售登记。

经费收支

展览结束后，傅雷绘制了一份《账目总清单》，显示最终结余金额为 147729.56 元。这些收入除了 1 千多元来自银行利息，其余均为售画及画册预售收入所得。他在信中写道：

画会昨晚结束，总共五日，参观人数，就签名者计六百余人，未签者约有三四倍。售画总数为一百六十件（花卉、字在内），余下十七件暂存敝寓，以待后命。售款总数十四万三千余元，开支总数为一万五千元弱。画册预约已售去百四十六本，亦有七千余元。此次印制画集，非特未出本金，且早有收入，可贺可贺。总账尚未全结，且待二三日内收齐画款后，再有详细账目寄奉。大致净盈余在十二万左右。[25]

160 件作品，售得 14 万多，平均每件 900 元左右，这是在黄宾虹自己开的润例（500、700、1000 三种）的基础上酌情提高获得的。这里说开支总数不到 15000 元，项目"不外装裱、广告、印刷、会场"[26]。因装裱和广告都从简朴，使开支大为节省。会场租金傅雷在信中未提及，但根据宁波同乡会 1928 年的假座费，叙餐室一日一夜的租金是 40 银圆，录此可资参考。比较复杂的是印刷费。如上文，印刷包括请柬、特刊、画册，此外还有订单簿。其中画册以作品抵印刷费，又在展览现场预售，得 7000 元。而《特刊》的印刷费则由傅

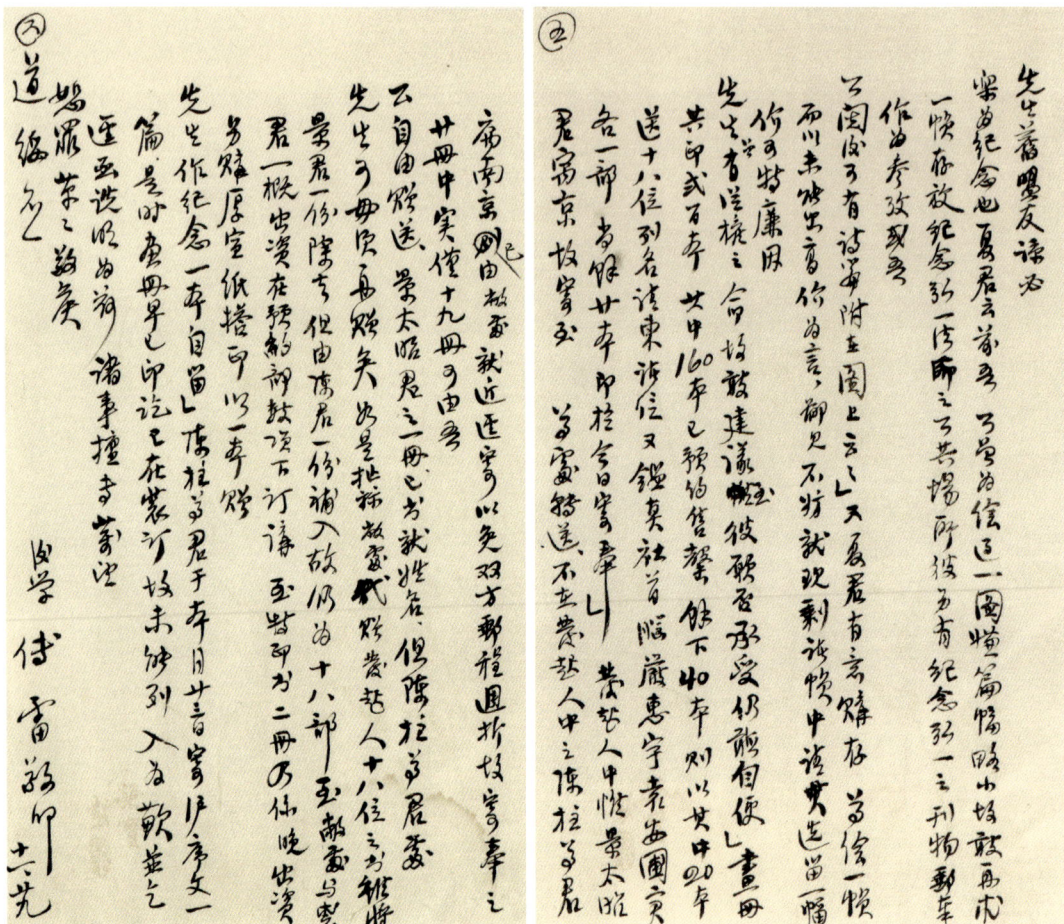

1943 年 11 月，傅雷致黄宾虹书信手迹

雷承担，他说：

> 若画会特刊印刷费、纸张费等，均与吾公无涉，此事原由下走一人主张，理当由下走一人负责，鄙意盖欲稍振艺界颓风，以正视听，非徒为报先生知遇之感也。[27]

如此计算，印刷费也只有请柬和订单簿了，因此所费不多。怪不得傅雷不无自豪地说：

> "此次展览成绩，无论在品质方面、出售方面，均为历来个人画会所未有……可见吾公绝艺尚有识者，不独可为先生贺，并足为艺坛前途庆。"[28]

结　语

黄宾虹"八秩纪念书画展"在抗战期间的上海孤岛举办，出发点是为了庆祝黄宾虹八十诞辰，又是黄宾虹生平第一次个展，因而其意义不言而喻。经傅雷、裘柱常及黄宾虹沪上友人的努力，此次展览在作品展示、参观人数、画件出售、特刊编印、社会反响等各方面都取得极大的成功。"八秩纪念书画展"及相关推介活动，不仅使黄宾虹的润例有了一定的提高，艺术形象也变得更加丰富。通过展览，傅雷的策展能力得到了全面展现。从这个意义上讲，这次展览既属于黄宾虹，也属于傅雷。

1　参阅拙文，《八秩纪念书画展——傅雷与黄宾虹交游考》，载《荣宝斋》，2012 年 12 期。

2　黄宾虹：《与顾飞》，王中秀编注，《黄宾虹谈艺书信集》，北京：人民美术出版社，2016 年，第 153 页。

3　参阅王中秀编著：《黄宾虹年谱》，上海：上海书画出版社，2005 年，第 1 页。

4　傅雷：《1943 年 7 月 13 日致黄宾虹》，傅敏编，《傅雷书简》，北京：当代世界出版社，2005 年，第 43 页。

5　有关宁波旅沪同乡会举办展览的研究，参阅杨思宇《宁波旅沪同乡会与民国时期上海美术展览》，江西师范大学硕士学位论文，2021 年 6 月。

6　傅雷：《1943 年 11 月 19 日致黄宾虹》，傅敏编，《傅雷书简》，北京：当代世界出版社，2005 年，第 67 页。

7　傅雷：《1943 年 11 月 3 日致黄宾虹》，傅敏编，《傅雷书简》，北京：当代世界出版社，2005 年，第 64 页。

8　黄宾虹：《1943 年与裘柱常顾飞》，王中秀编注，《黄宾虹谈艺书信集》，北京：人民美术出版社，2016 年，第 153 页。

9　傅雷：《1943 年 6 月 25 日致黄宾虹》，傅敏编，《傅雷书简》，北京：当代世界出版社，2005 年，第 42 页。

10　傅雷：《经手宾老寄沪书画总清单》，傅敏编，《傅雷书简》，北京：当代世界出版社，2005 年，第 60 页。

11　傅雷：《1943 年 11 月 24 日致黄宾虹》，傅敏编，《傅雷书简》，北京：当代世界出版社，2005 年，第 69 页。

12　傅雷：《1943 年 11 月 3 日致黄宾虹》，傅敏编，《傅雷书简》，北京：当代世界出版社，2005 年，第 64 页。

13　傅雷：《1943 年 11 月 19 日夜致黄宾虹》，傅敏编，《傅雷书简》，北京：当代世界出版社，2005 年，第 67 页。

14　黄宾虹：《1943 年与裘柱常顾飞》，王中秀编注，《黄宾虹谈艺书信集》，北京：人民美术出版社，2016 年，第 161 页。

15　黄宾虹：《1943 年 11 月 13 日与朱砚英》，王中秀编注，《黄宾虹谈艺书信集》，北京：人民美术出版社，2016 年，第 167 页。

16　傅雷：《1943 年 9 月 20 日致黄宾虹》，傅敏编，《傅雷书简》，北京：当代世界出版社，2005 年，第 48 页。

17　黄宾虹：《1943 年与裘柱常顾飞》，王中秀编注，《黄宾虹谈艺书信集》，北京：人民美术出版社，2016 年，第 162 页。

18　傅雷：《1943 年 11 月 19 日夜致黄宾虹》，傅敏编，《傅雷书简》，北京：当代世界出版社，2005 年，第 67 页。

19　傅雷：《1943 年 11 月 21 日夜致黄宾虹》，傅敏编，《傅雷书简》，北京：当代世界出版社，2005 年，第 68 页。

20　傅雷：《1943 年 11 月 21 日夜致黄宾虹》，傅敏编，《傅雷书简》，北京：当代世界出版社，2005 年，第 68 页至第 69 页。

21　傅雷：《1943 年 10 月 18 日夜致黄宾虹》，傅敏编，《傅雷书简》，北京：当代世界出版社，2005 年，第 59 页。

22　《申报》1943 年 11 月 17 日，第 3 版。

23　《申报》1943 年 11 月 19 日、20 日，第 3 版。

24　《新闻报》1943 年 11 月 21 日，第 1 版。

25　傅雷：《1943 年 11 月 24 日致黄宾虹》，傅敏编，《傅雷书简》，北京：当代世界出版社，2005 年，第 69 页。

26　傅雷：《1943 年 10 月 30 日致黄宾虹》，傅敏编，《傅雷书简》，北京：当代世界出版社，2005 年，第 62 页。

27　傅雷：《1943 年 10 月 30 日致黄宾虹》，傅敏编，《傅雷书简》，北京：当代世界出版社，2005 年，第 62 页。

28　傅雷：《1943 年 11 月 29 日致黄宾虹》，傅敏编，《傅雷书简》，北京：当代世界出版社，2005 年，第 70 页。

陈词中的独见：黄宾虹的《古画微》

薛 路

　　很难说黄宾虹首先是一位学人，抑或首先是一位画家。在很长的时间里，他画名不著，而作为编辑和画论、画史的写作者，却是资深格老，声望不低。不过到了今天，他作为大画家的地位，似基本稳固，他当年的编辑成绩和学术成果，却日益被讥为粗糙和初级，受到更多的质疑。本文写作的起因，是想通过读黄宾虹的《古画微》，来考察这些质疑。

　　初读《古画微》，数句以内，赏其修辞雅洁；数节之后，见其思路断续。会觉得其中文字老旧，常谈盈篇；但也感到老人指归明晰，心肠热切。一代人有一代人的文字，今天的新异文字，到了明天，也可能被视作老旧，似无可多说。常谈，则正如范景中老师说的："我们觉得中国画论全是些陈词滥调。但如果我们做一个对比的话，就会发现西方画论的陈词滥调更多。""尽管语言仅仅是我们描述世界的一种方式，而'事实'却是某种语言和实在的共同产物，套语不仅在描述实在时显示事实，而且甚至也能创造事实，我们会觉得事实在被从实在的连续系统中挑选出来并由套语陈述确定下来以前，它并未作为事实而存在。"[1]

　　常谈，或者陈词，是一个文化系统内最主流、最常见事物的载体。我们今天重新关注过去时代的陈词滥调——它们也许多已被遗忘，也许从未被认真理解——如果能在新的语境中剔抉出它们蕴含的未经阐释尽的意义，就等于为它们赋予了新的生命。

　　下面将选择两个重要的话题，尝试解读这些文字背后黄宾虹内心的细波微澜。

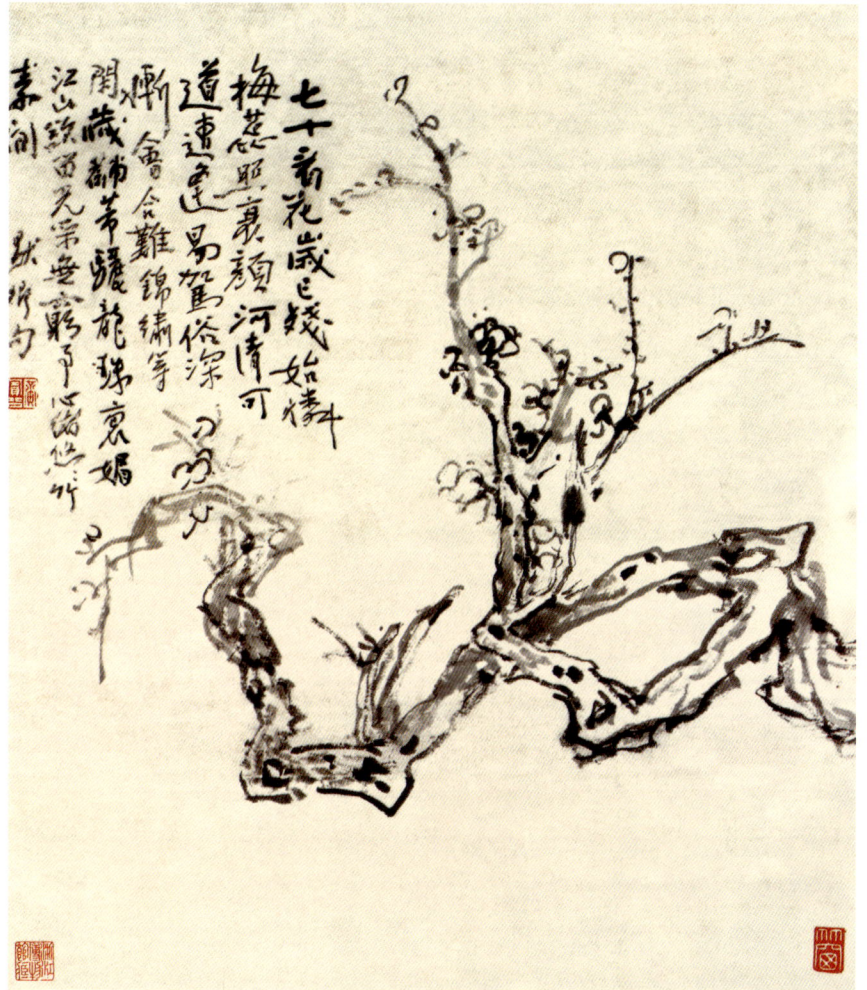

黄宾虹《七十看花岁已残》
浙江省博物馆藏

苏东坡文人画观论辩

《古画微》充分肯定苏东坡在画史上的特殊作用。苏东坡是个在诗、词、文、史、书法、画论等等许多方面都有杰出贡献的天才人物。比较起来，他在绘画上只能算是个业余爱好者，但在胸襟、眼界、文化修养、艺术认识方面却超越群伦，引领一时。他画的枯木竹石小景，既显示出技法上的不足所带来的局限，也显示出在意境和图式创造上的原创力，让一代代专业高手们都追随不已，形成了文人画家们相传不绝的一个小景画图式，既便于画技有限的文人们抒情寄意，也吸引像赵孟𫖯、倪云林、恽南田这样的高手们借以开掘新境。所以，黄宾虹以为虽是"滑稽诙笑之余，初不经意"的作品，是被今日一些学者鄙称为"非正规画"的"游戏笔墨"，却"可以想见其人"，表达了人的精神气度和品格风貌，这就未离艺术的本质，应当有其艺术价值。

东坡的画论，一直是画学中的聚讼之地。后来的学者阮璞在著述中多次加以论辩。关于"常理""常形"的问题，阮璞如此澄清常见的曲解：

苏轼《净因院画记》云："余尝论画，以为人禽、宫室、器用，皆有常形，至于山石、竹木、水波、烟云，虽无常形，而有常理。常形之失，人皆知之；常理之不当，虽晓画者有不知。故凡可以欺世而盗名者，必托与无常形者也。虽然，常形之失，止于所失，而不能病其全；若常理之不当，则举废之矣。以其形之无常，是以其理不可不谨也。"

有人据此，以为苏轼贬低画有常形之物，抬高画无常形而有常理之物，即竹、木、水、石，这是误解而曲解。其实，有常形之物（通常形状）本来就是有常理之物（正常结构规律）；无常形之物既有常理，必然也有一定的常形。……将常形与常理加以绝对对立，是不符合事实的。……常理也还是要借常形来加以体现。……舍形则理将焉托？[2]

东坡之意，是常形易辨，常理难知；唯其难知，故欺世盗名者多利用之；失常形，病犹小，失常理，病严重。东坡的重点，是提醒大家注意常理问题的重要性。

阮璞的重点，则是证明常理也不能没常形。似乎东坡此论造成了一定的混乱，他现在必须来澄清：常形才是更值得加以重视的。

黄宾虹以东坡之说为正，分析了两种可能的偏失：一、拘守于法；二、尽废古法。这两种偏失，略可对应偏重常形者和"托于无常形者"。黄宾虹潜在的推论是：重常形者也许拘于法，也许是在守法的初级阶段，不排除有可能完成从有法至无法之妙的飞跃；托于无常形者尽废法则，已是极端偏执的形态，不可能有未来。所以，结论是：无法之害，甚于拘法。

应该说，黄宾虹的论述与阮璞没有根本的矛盾，同样重点批判了阮璞也重点批判的"托于无常形"的欺世盗名之辈。只是黄宾虹的文字得慢慢读，才读出层叠在里面的意味：常理和常形，是在对照中呈现对方的意义，也显露对方有可能引起的问题。唯"有法之极，而后可至于无法之妙"。"悉由精能，造于简略"，可谓兼顾两极，不偏不倚，而最终关注的，是"造于简略"的"无法之妙"，这是他最后的意图所在，也归结到东坡的原意。

阮璞订讹辨惑，也确在某种意义上还原了苏轼画学的旧观，揭示苏轼对形似等等问题的真见解。只是，他如此关注苏轼言论所引发的片面阐释、过度阐释和夸张歪曲，也就是更关注了苏轼所产生的"负面效应"。也许，苏轼是点醒了一个时代，又必然要被这后来的时代所利用。那些过度阐释也许只是个形式，那些不管人们喜不喜欢、认不认可的新事物，无论以何种形式，是迟早要在后

舟入溪山深書烟
霧靄蒼蒙襟袖欲
涇況若置身
圖畫中神游
湯穆作犧皇
上人兮偶寫此
仰高巧之云
壬辰冬日
賓虹

黄宾虹《溪山深处图》
浙江省博物馆藏

来的时代出现的。

比较起来，黄宾虹不关心这些。在一切都早已发生之后，黄宾虹好像甘愿再被点醒一次，再做一次接受指点的元人。他在这里感受到的都是那些正面效应，正是历史的方向。

《古画微》自序即对元画作了至高无上地推崇："集唐、宋之大成，追董、巨之遗矱，画学昌明，进于高逸。"[3]现在论及元画尚意精神的主要开创者，几乎又重申了这一推崇，同时也把从"宋法"进到"元意"的关键几点列了出来：首先，宋画所具有的一切优点，元画都没有失去，宋画"善摹万类之情态形色，俱若自然""直是化工在其掌握"，元画保留了宋人这些直面自然、研究自然、表现自然的精神；其次，元画没有拘守于宋人的画法，而是在心态上放松了，技法上减少了，效果上虚淡了，画家的个性、意图、精神追求，却因此更加凸显出来；更为重要的是，元代画家远遁荒野，远离权力，生存状态与唐、宋院画家们屈服于君主的严威，束缚于权势的标准、拘谨小心地为统治者服务的状

况完全不同，所以笔下相应地有了生、拙之感，画中多了潇洒自如的自由气息。这是艺术家的解放，也是艺术的解放。所以黄宾虹继续写道：

> 墨之渲晕，笔之皴擦，人力可至，走笔运墨，我如是而得如是，无不适当，人力所造，是合天趣矣。若神思所注，妙极自然，不惟人力，纯任化工，此气韵生动，为元人独得之秘。宜其空前绝后，下学上达，妙绝今古，而无与等伦者已。[4]

技法可以通过努力学习得到。技达到极致，是所谓"技进乎道"，可合于天趣。如果是出于艺术家的精神贯注，达到与自然完全相符的境地，不是人在思考解决技法表达的问题了，而是由大自然在引导着、启示着，这样的气韵生动，那是元人独得的秘密，是一种无与伦比的高超！

黄宾虹全心体会也全心认同苏东坡的画学思想，并给了元画最高的赞美。他自己的山水画晚年却趋于沉厚浓重，题画也多论及

黄宾虹《山水长卷》，1933 年
中国美术学院美术馆藏

北宋画的魅力，这表明他有了弃元入宋的转变吗？其实不是。他89岁有一段画上的题跋，透露其中消息：

元人层峦叠嶂，淡而弥厚，高出唐宋。急于求脱，即蹈轻率之习，清道咸中画追北宋，先由倪、黄筑基，故胜。[5]

黄宾虹以元画为最高的典范，却不会满足于因袭元画的面目，更不会像元以后学元的许多画家那样，不懂得去深究元画之精神，只知抄袭皮毛，而徒成轻率薄弱。黄宾虹在对大自然的探讨中逐渐形成自己独特的意象，在对历代画法的取舍改造中渐成浑厚华滋的笔墨个性，在不媚世俗，平淡自守的生涯中，渐成一个时代难以理解的高格调。

关于董其昌

董其昌是在中国绘画史上惹出最多争议，至今众说纷纭莫衷一是的人物。无论他的书画作品还是他的理论文字，都吸引了许多的学习者、研究者和批判者，也足见他拥有的重要地位。颜晓军在他的博士论文《宇宙在乎手：董其昌画禅室里的艺术鉴赏活动》中这样概括董其昌所受的批判：他的绘画被视为中国绘画艺术因陈相袭的开端，并且是绘画走向没落的标志；他的书法被认为是圆熟柔媚的路子，缺乏强健的骨骼而没有艺术的张力；他的鉴赏也被评为极不可靠，因为后来的研究证明他对古画作者的认定多有问题；而他的"南北宗"论更被批判为无稽之谈，其中谬误百出。[6]

而卢辅圣则说：董其昌在历史的巨大压力之下，是"最清醒地认识到超越的迫切性，最系统地提出超越的理论依据和行动纲领，并且最有效地领导了几乎整个画坛的超越行动的人"。[7]

黄宾虹在给女弟子顾飞的信中说："董玄宰一代伟人……后之学者，于书法诗学，得古人真内美之精神以此。"[8]短短二语，见出黄宾虹在整体上对董其昌的认可，这种认可主要是在艺术精神上的认同和对其历史作用的认可，在山水画的技法层面上，则持一定

黄宾虹《山水》
上海美术馆藏

的保留态度。

在《古画微》"明画繁简之笔"一节中，黄宾虹如此论及董其昌：

继文、沈之后，为能崛起不凡，独树一帜者，惟董其昌……天才俊逸，善谈名理，少好书画，临摹真迹，至忘寝食。中年悟入微际，遂自名家。山水宗北苑、巨然，秀润苍郁，超然出尘……早年全学黄子久山水，一仿辄似。尝言："唐人画法，至宋乃畅，至米元章父子乃一变；惟不学米，恐流入率易。"晚年之笔，高岳长松，浓墨挥洒，全用董北苑法，绝不蹈元人一笔一画。故思翁之画，以临北苑者为胜。间仿大米，称"米元章作画，一正画家谬习；观其高自位置，谓无一点吴生习气"。又云"王维之迹，殆如刻画，真可一笑"。盖元章学董北苑，初变其法，思翁欲兼董、巨、二米而又变之。至谓"学古人不能变，便是篱堵间物。去之转远，乃由绝似故耳"。然而阎古古犹曰："黄子久学董北苑，不似而似。思翁笔笔学北苑，似而不似。甚矣神似之难，难于形似，奚啻万万。"钱松壶亦谓董思翁画笔少含蓄，而苍郁有致。[9]

在应有的赞语之外，其中可注意的叙述有二。一、董其昌与他的主要学习对象的关系：早年学黄公望，后来主要学董源、巨然，也吸取了米元章的创造精神。米元章学董源其实是一种创造性的变法，董其昌学米，也是学这种变法的精神。董自言，"学古人不能变，便是篱堵间物"[10]，学而不变，就没有任何价值可言。二、尽管如此，后人评董其昌，仍然是很苛刻很犀利的：董其昌自以为变了古人，离了形似，得了神似，却仍得到了"似而不似"，也即"变得不够，达不到神似"的评语；董其昌自以为追求的是平淡天真，含而不露，反对剑拔弩张，却仍得到了"画笔少含蓄"的评语。

钱杜自己的画，用笔纤纤弱弱，风格妍秀极了，当然显得更含蓄些。董其昌笔墨给人以生、拙的感觉，生、拙本来是不易获得的好品质，但生则近辣，辣就不那么含蓄了。

这些评语虽然都是引前人的语句，但也间接表达了黄宾虹自己的观点。在其他地方，他自己也多次表示了对董其昌艺术一定程度的贬义：

> 董香光专用渴笔，以极其纵横使转之力，何蝯叟言其但少雄直之气。余得蝯叟为李芋香父子所作画，气雄而不专于使气，气兼韵行，殊未易到。[11]

在用笔雄强的何绍基眼里，"画笔少含蓄"的董其昌却又"少雄直之气"了。这当然也是何绍基的评语，但黄宾虹接着说何绍基的画如何"气雄而不专于使气""殊未易到"，是认为何绍基画优于董其昌了。

黄宾虹在给傅雷的信中又言：

> 邹（之麟）画较玄宰高倍蓰。[12]

在黄宾虹看来，一般人眼里仅为二流名家的邹之麟，其画竟超过董其昌好几倍。

这是足以让董其昌的推崇者震惊和不解的评价。但我们只要想一下与董其昌的艺术风格同属柔润简秀一路的恽南田，在评论董

其昌书法时也不免要说："文敏秀绝故弱，秀不掩弱，其不足在是，其高超亦在是……"[13]黄宾虹自家画风如此磅礴恣肆，他不能给予董其昌"秀不掩弱"的画以太高的评价，也就可以理解了。

但是这些一点也不影响黄宾虹对于董其昌在画史上的非凡意义，有着深入的认识。他在《古画微》"总论"中写道：

> 董玄宰谓读万卷书，行万里路，方合作画。诚哉！闻见不可不广，而雅俗不可不分也。[14]

又在"清初四王吴恽之复古"一节写道：

> 思翁综揽古今，阐发幽奥。[15]

给傅雷的信中又说：

> 南北宗之分始于华亭：工匠守成法，不参活禅；文人习空谈，不勤苦。卓然思翁一人，承先启后，耳闻目见，确有真据。[16]

> 惟应自董玄宰起，一变吴门派之俗笔，入于士夫画之正轨，……独有秀水、常州、新安三派中，有矫矫不群者，皆因董玄宰之提倡，士夫画兴起……皆是画中之龙，与元人相去不远。[17]

董其昌最重要的价值在于，他显示出了作为一个理论家的深刻的历史洞察力。用美国学者何惠鉴的话说，这种洞察力"超越了仅对风格和技巧的考虑，而达到了与美学以及道德的标准不可分割的文化理想的中心"[18]。

"行万里路，读万卷书"，扩闻见，辨雅俗，即属于黄宾虹认同的董其昌的文化理想。

学者王汎森认为，当一种传统文化处在危机之时，不只这个传统本身不足以解释当前的情境，以前的标准变得不适用，人们往往连对这个传统的表述语言都觉得捉襟见肘，这种语言已经不足以用来说明古代思想的精微之处，并做更进一步深入的厘清与判断。[19]

当一种文化兴盛之时，其语言一定是足以阐述其一切，表达其精微的。其时有的是这一文化的受众和认同者，即使有纷争，一切论辩也都是文化内部的论辩，用的都是一套语言，互相懂得。而当这一文化处在危机之时，必然面临力大势强的异质文化兴起。在突然来到的新的情境下，思想的转换会出现迟钝，语言的再造也会有滞后，原有的概念、词汇有时会显得因容量不够而词不达意，有时也会因为受众情况的变化而变得无人懂得。

我们今天读黄宾虹的文字，有时也存在着"不知其所云伊何"的问题。他用的那些旧有的词汇概念和表述方式，其中自有厘清和判断，自有当时的准确选择和细微的分寸感，但在新的语境下会显得模糊不清，另一种文化哺育起来的新新人类也不易感受，难以懂得了。

黄宾虹信从董其昌的南北分宗理论，《古画微》在"王维画由气生韵"一节，所语皆从董其昌导出：

士夫画与作家画不同，其间师承，遂与之或异。画至唐代，如禅门之南、北二宗。世称北宗首推李思训，用金碧辉映，为一家法。

黄宾虹《西桥烟霭》
南京博物院藏

后人所画着色山水，往往师之……南宗首称王维，维……风标特出，平远之景，云峰石色，纯乎化机。读其诗，诗中有画，观其画，画中有诗。文人之画，自王维始。[20]

其实在后来，南、北二宗的区分主要不是以设色来分了。在唐代开始的这种"分宗"，也多被批评者认为是董其昌无中生有的编造。

在西方，沃尔夫林也曾精心挑出五对概念分析文艺复兴和巴洛克的风格，它们是：线描和涂绘、开放和封闭、平面和深度、统一和多样、明晰和朦胧。这五对概念为人们谈论艺术品提供了一套有效的工具，在艺术界产生了巨大的影响，后来读美术史几乎都要学习它。因为你可以根据这五对概念对作品进行分析，舍此还找不到更合适的语言。不过，这五对概念在分析作品时尽管很好用，可是实质上却不能回答一件作品的杰出与否。[21]

所有这样以相对概念来进行的分类，都会有局限。董其昌的南北宗论，其实也是类似的分类，也颇为后人诟病。他所谓的南宗大致是：文人业余遣兴；以画为寄，以画为乐；较多水墨或淡彩；用笔柔和放松；意境平淡天真；崇逸格。所谓北宗大致是：画院专职画家；为皇家贵族服务；较多设色富丽；勾斫刚硬躁动；气象崭绝峥嵘；重精能。平心而论，董其昌虽然在涉及具体画家的站队时，有自相矛盾之处，所列宗派系统也不一定就是客观的画史，但在审美类型的区分上却目光如炬，是很有说服力的。

卢辅圣认为，"南北宗"论作为中国绘画史上承继于"六法"论和"逸品"论之后最

有影响力的艺术思维，标志着文人画在成熟自立的形势下对自我存在依据的全面反省和郑重抉择。[22]

徐复观在《中国艺术精神》一书中也说过，董氏的所谓南宗，实即远承自然、逸品的系统；而所谓北宗，他所着眼的，实系前人所谓"精""能品"的系统。重自然、重逸、重神，而不重精、能，这是中国画，尤其是山水画的传统，董并无大错。[23]但徐复观仍把"南北宗论"看作是董其昌"暮年不负责任的'漫兴'之谈"，只是因为董的"声名地位之高，遂使吠声逐影之徒，奉为金科玉律，不仅平地增加三百余年的纠葛，并发生了非常不良的影响"，其墨戏之说，给了人"苟简自便"的借口，使中国的绘画日趋淡薄。[24]

任何一种哪怕是十分正确的理论，都会产生它的负面效应，即使是它的正面效应，也不可能照应百世。许多所谓的不良影响，在多大程度上应由理论本身来负责，多大程度上则由直接造成负面影响的后人自己来负责，也许是个需要深究的问题。"种下龙种，收获跳蚤"的现象早就为人关注，也许是一切重要理论逃不过的命运。龙种如何繁衍出跳蚤，则可能是很好的学术课题。董其昌的理论影响，首先开出了清初画坛的新局面，四王技巧精能的绘画，就恐怕难以被批评为"苟简自便"；四僧真气贯注的作品，更不能视之为"日趋淡薄"。黄宾虹《古画微》及其他著述中许多观点都源出董氏，与"南北宗论"保持了高度的一致，而黄宾虹自己最后的作品却雄浑恣肆，沉厚深邃，可谓善取董之精髓，而弃其糟粕。

黄宾虹《花卉》
浙江省博物馆藏

黄宾虹《山水轴》，1930 年
中国美术学院美术馆藏

黄宾虹《建安先生》
天津博物馆藏

以米芾问题为例,徐复观点出了董其昌主张的南宗系统,实际上是以米芾为中心所建立起来的。[25]黄宾虹则点出了董其昌的绘画与米芾的密切关系:"思翁之画,以临北苑者为胜,间仿大米。"[26]董北苑正是由米芾首先发现和宣扬,而后受到元人重视,最后被董其昌尊为中国山水画大宗师的。北苑—二米—董其昌,他们各自创造了独特的水墨世界,但其间自有一脉相承的联系,后来的黄宾虹,也完全可以置身其间。他在《古画微》中论及二米,与董其昌口吻相似,声气相通:

山水古今相师,少有出尘格,(米芾)因信笔为之,多以烟云掩映树木,不取工细,不作大图。求者只作横挂三尺,无一笔关全、李成俗气……其源出于董元。枯木松石,时有新意。又用王洽泼墨,参以破墨、积墨、焦墨,故融厚有味。宋之画家,俱于实处取气,惟米元章于虚中取气。然虚中之实,节节有呼吸、有照应……

后世俗子点笔,便是称"米家山",岂容开人护短径路耶。

元晖能传家学,作山水,清致可掬,略变其尊人所为,成一家法。烟云变灭,林泉点缀,生意无穷……其水墨,要皆数十百次积累而成,故能丹碧绯映,墨彩莹鉴。自当究竟底里,方见良工苦心……每自题其画曰"墨戏",盖欲淘洗宋时院体,而以造物为师,可称北苑嫡家。[27]

其中"不取工细""虚中取气""虚中之实,节节有呼吸,有照应""烟云变灭,林泉

点缀,生意无穷""其水墨,要皆数十百次积累而成"等等,皆可移论黄宾虹自己的画作,而毫无不契合之处。黄宾虹的山水画点了那么多淋漓密集的墨点,可以看作是米点山水的变体。"俗子点笔",只是"开人护短径路"而已,只有像黄宾虹这样经过了形态的转换,使之参与建立自己精神的图像世界,才赋予前人的方法以新的生命。

徐复观在批评董其昌从庄子处取来淡的意境却领会有限时说:

庄子由离形去智而来的虚静之心,……实含有至大至刚之气,……所以老学、庄学之"柔",实以刚、大为其基柢。于是庄子本来意味之所谓"淡",乃是不为沉浊所污染,不为欲望所束缚的精神纯白之姿,在此精神纯白之姿中,刚与柔形成一个统一……庄子的文章,汪洋恣肆,谲变百出,正是董其昌们所排斥的"纵横习气",又何害于他精神的平淡……淡的天骨应自高洁虚静的心灵中来。高洁虚静的心灵,是忘掉了自己的一切,忘掉了世俗所奔竞的一切,所以他便会投向自然,涵融自然,这中间便须要刚健之气撑持上去。[28]

这段文字,倒可以很好解释黄宾虹对董其昌画技所持的保留态度,也可以作为对黄宾虹艺术的一种可能恰当的赞美之辞。

黄宾虹和董其昌,都是处在历史转折关节点上的艺术家,也都是对自己的历史使命有着相当自觉的艺术理论家。所以黄宾虹对董其昌的理解,基本是出于理性的、在理论层面上的理解。而由于个性的不同,作品表

达内涵的不同，他们对笔墨风格的追求，呈现出极大的差异，这也正符合董其昌"精于绘理，自出笔意"[29]，一洗前人习气，"不得随人去取"[30] 的要求；更是黄宾虹主张"往古来今，屡变者面貌，不变者精神"[31]"溯古哲之精神，抒一己之怀抱"[32] 的完美自证。

对《古画微》作了一定程度的细读之后，初读只觉得满眼陈词的文字中，就时时呈现出许多令人眼明的细节，呈现出许多只属于黄宾虹的见解了。

独到的理论框架

黄宾虹一生写了那么多关于画史、画理的文字，归根结底，是反复在说：我们有伟大深厚的传统，我们个人，只有承继此传统，才具有文化的意义；但你若从众媚俗，以得皮毛自喜，你就只是在损害这个传统；你只有"不干时好"[33]"不与凡卉争荣"[34]，甚至"爵禄可辞，白刃可蹈"[35]，以传古人真精神为志，才能为功；而古人真精神，只在与古人不同的面貌中，在知古而不泥古、学古而不似古的状态中，在自成一格的独特作品中。一言以蔽之，他说的实际是：如何解决学古人而呈现真我。

与这样意思大致相近的话，董其昌以来，几成共识，明、清画论著作中时时见到，已算得是陈词滥调。但是，假如这些共识或滥调是一般性的问题，则黄宾虹作为认真、执着、不从众的画家，就是一个独特的解决方案。他在漫长实践中的孤独的体验，也给那些本该是陈词滥调的文字充实了不寻常的含义，使它们变得丰厚和别有意味。

黄宾虹《古画微》的结论一节，作了像是总结性的阐述：

师古人，必师古人之精神，不在古人之面貌。面貌有章法格局，人所易知易能。精神在用笔用墨之微，非好学深思不能心知其意。知用笔用墨，古人之意，极其惨淡经营，非学养兼到，不能得之。此古人之写意，与后世之虚诞不同。虚诞之习，即由胆大妄为而成。然而开拓万古之胸襟，推倒一时之豪杰，非从古人精神理会，而徒求于形貌之似，无怪其江河日下，不至沦胥以亡不至。故学古人，重神似不重貌似。面貌随时可变，精神千古不移。[36]

精神，意，学养，都属于黄宾虹郑重言之的"内美"，他自己对"内美"最完整的解释，就是"作者品节、学问、胸襟、境遇，包涵甚广"[37]。所有这些，大致可归于黄宾虹以"人品"与"画品"对举时的"人品"范畴。这样，黄宾虹最中心的理论框架就可以简单示意如下：

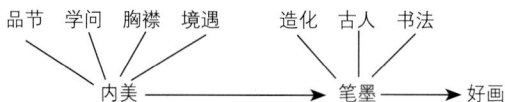

品节 学问 胸襟 境遇　　造化 古人 书法

内美 ━━━━━━➤ 笔墨 ━➤ 好画

人的内美，通过笔墨的修炼而表达出来，这就是好画。反过来说，好画，就是以笔墨表达出来的人的内美。

与"内美—笔墨"这一结构比起来，其他都是较次的元素。所以，许多人对黄宾虹作品的不解和责难，其实都是因为不了解黄宾虹在文字中明白宣示的艺术追求。黄宾虹的画史画论文字，无论普遍意义如何，至少有一点是已经被证实了的：它参与成就了一位绘画史不易避开的人物，他就是黄宾虹自己。

1　范景中：《附庸风雅和艺术欣赏——纪念贡布里希诞辰一百周年》，杭州：中国美术学院出版社，2009年，第117页。

2　阮璞：《画学十讲》，香港：香港天马出版有限公司，2005年，第181页。

3　卢辅圣编：《黄宾虹文集·书画编上》，上海：上海书画出版社，1999年，第196页。

4　卢辅圣编：《黄宾虹文集·书画编上》，上海：上海书画出版社，1999年，第211页至第212页。

5　钱学文编：《黄宾虹题画墨迹》，上海：上海人民美术出版社，1996年，第95页。

6　颜晓军：《宇宙在乎手》，杭州：浙江大学出版社，2015年，第3页。

7　《董其昌研究文集》，上海：上海书画出版社，1998年，第3页。

8　黄宾虹：《黄宾虹文集·书信编》，上海：上海书画出版社，1999年，第385页。

9　卢辅圣编：《黄宾虹文集·书画编上》，上海：上海书画出版社，1999年，第221页。

10　《董其昌研究文集》，上海：上海书画出版社，1998年，第3页。

11　钱学文编：《黄宾虹题画墨迹》，上海：上海人民美术出版社，1996年，第81页。

12　黄宾虹：《黄宾虹文集·书信编》，上海：上海书画出版社，1999年，第206页。

13　恽寿平：《恽寿平全集》，北京：人民文学出版社，2015年，第375页。

14　黄宾虹：《黄宾虹文集·书画编上》，上海：上海书画出版社，1999年，第199页。

15　黄宾虹：《黄宾虹文集·书画编上》，上海：上海书画出版社，1999年，第223页。

16　黄宾虹：《黄宾虹文集·书信编》，上海：上海书画出版社，1999年，第208页。

17　黄宾虹：《黄宾虹文集·书信编》，上海：上海书画出版社，1999年，第211页。

18　《外国学者论中国画》，长沙：湖南美术出版社，1986年，第180页。

19　王汎森：《执拗的低音》，北京：生活·读书·新知三联书店，2014年，第230页。

20　黄宾虹：《黄宾虹文集·书画编上》，上海：上海书画出版社，1999年，第204页。

21　范景中：《附庸风雅和艺术欣赏》，杭州：中国美术学院出版社，2009年，第85页。

22　卢辅圣：《中国文人画通鉴》，石家庄：河北美术出版社，2002年，第206页。

23　徐复观：《中国艺术精神》，沈阳：春风文艺出版社，1987年，第365页。

24　徐复观：《中国艺术精神》，沈阳：春风文艺出版社，1987年，第404页。

25　徐复观：《中国艺术精神》，沈阳：春风文艺出版社，1987年，第372页。

26　黄宾虹：《黄宾虹文集·书画编上》，上海：上海书画出版社，1999年，第221页。

27　黄宾虹：《黄宾虹文集·书画编上》，上海：上海书画出版社，1999年，第213页。

28　徐复观：《中国艺术精神》，沈阳：春风文艺出版社，1987年，第404页。

29　董其昌：《画旨》，杭州：西泠印社，2008年，第112页。

30　董其昌：《画旨》，杭州：西泠印社，2008年，第46页。

31　黄宾虹：《黄宾虹文集·书画编上》，上海：上海书画出版社，1999年，第197页。

32　黄宾虹：《黄宾虹全集10》，济南：山东美术出版社，2006年，第117页。

33　黄宾虹：《黄宾虹文集·书信编》，上海：上海书画出版社，1999年，第206页。

34　黄宾虹：《黄宾虹文集·书信编》，上海：上海书画出版社，1999年，第208页。

35　黄宾虹：《黄宾虹文集·书信编》，上海：上海书画出版社，1999年，第206页。

36　黄宾虹：《黄宾虹全集10》，济南：山东美术出版社，2006年，第25页。其中"无怪……"一句，无法读通，疑排字与标点有误，似当为"无怪其江河日下不止，沦胥以亡不止"。

37　黄宾虹：《黄宾虹全集10》，济南：山东美术出版社，2006年，第123页。

（观 点）

程十发与"文人画+"

卢 炘

借用"互联网+"的表述方式，本文提出程十发开创的画派可以用"文人画+民俗、文人画+古意、文人画+现代文明"来概述。这种概述目的是与"西式写生+素描、西式写生+色彩、西式写生+创意"的20世纪绘画潮流予以区别。前者以"文人画"为基础，后者以"西式写生"为基础。

引 言

以前我写过《海派新论——论程十发与海上画派》一文，简要梳理了程十发先生与海派的关系，其中提出了一个新观点，即程十发开创了一个"新世俗"的海派。限于篇幅并未展开阐述。

用"新世俗"来表述容易有某种误解，因为"世俗"与文人画追求"古雅"本是相对立的两种不同取向，尽管加上了一个"新"字，仍难以消解约定俗成的印象。

当年潘天寿先生为了力纠中国画萎靡走向，以"强其骨"甚至"一味霸悍"作为印语激励自己。中国画历来以含蓄蕴藉为上，以"霸悍"之笔出之，与意蕴雅致也是相对立的取向。虽然矫枉需要过正，但一句印语

尚可，冠至于画派名称就不够妥当了。

斟酌既久，无论"新世俗""新民俗""大众化""市民化"用于程十发所开创的流派名称，似乎都不甚确切。在此笔者借用"互联网+"的表述方式，程十发开创的画派可以用"文人画+民俗、文人画+古意、文人画+现代文明"来概述。这种概述目的是与"西式写生+素描、西式写生+色彩、西式写生+创意"的20世纪绘画潮流予以区别。前者以"文人画"为基础，后者以"西式写生"为基础。

我们如此综合程十发艺术特点与"海派无派"的模糊性和不确定性有些不同，因为确定了一个大前提。本文姑且不在名称上磨蹭，名称问题留待高人出现进行点拨，本文就"文人画+"的特色试作阐述。

程十发《女芙馆十咏（花卉部分）》
私人藏

程十发《弹箜篌图》
程十发艺术馆藏

文人画 + 民俗

　　1949 年新中国的建立，意识领域发生了翻天覆地的巨大变化，文艺为工农兵大众服务，文艺反映现实，通俗绘画一统天下。

　　时代变革，文化艺术随之变化，旧时代过来的文化人一时无所适从，角色转变应时而起。过去从事文人画的画家在以后的 17 年里，大体有三种选择：第一，以西方美术（现实主义、浪漫主义，以及二结合的创作方法）为楷模，废弃文人画，接受延安来的新美术改造，反映新生活，在年画、连环画、宣传画上实现美术为政治服务；并以写生为主、以人物为主、以工笔为主，进行主题性创作。这是绝大多数画家的现代选择。第二，在经过"思想改造""接受工农兵教育"以后，仍有人依然沿着文人画写意和笔墨要求进行创作，其出色者借古以开今，尤其于山水、花鸟领域取得卓越成就。第三，转换门庭，改为工艺美术者，或从事民间艺术创作，甚至跳槽另找出路。

程十发介于第一类与第二类之间。1949 年上海解放那年，他已 29 岁，由军代表吕蒙介绍进入华东人民美术出版社任创作员。由于他从小受到传统文化熏陶，六岁就临习《芥子园画谱》等，又入上海美专国画系学习传统绘画，得到王个簃、顾坤伯等的教导，打下了文人画的基础。所以他成为专职创作员进行连环画、书籍插图创作，与其他年轻人显出很大的不同。

这种不同主要来自基点的相异，简而言之，大多数人的基点是借助"西式写生"追求造型的准确性，像不像；程十发的基点是追求笔墨表现力，耐不耐看。

文人画当然比以西式写生为基础的作品要耐看得多。写生式创作比较直白，虽也要求抒情传神，但与文人画的笔墨及含蓄的精神性相比，自然要逊色许多。以笔墨为中心的文人画，在取材、图式、趣味上无不表现出文化精英对于格调、境界、人品和学养的重视，他们崇尚的审美情趣融入中国画，从而代表着整个旧时代绘画的巅峰状态。但是文人画在 20 世纪"大众化""革命性""民族危难""民族自强"的时代需求中如何发展，却是一个新问题。

程十发《冷香幽梦图》
程十发艺术馆藏

程十发为代表的新中国时期画家，包括浙江的周昌谷等人物画家，他们愿意为时代奉献，努力跟上时代的脚步。在题材方面除了不得不画表现各种运动的应时任务，诸如合作化之类题材，更多地转向表现少数民族、成语故事、古代精英等题材。这些题材带有边缘性，却尚能得到放行，好似一个避风港，得以规避极"左"思潮的简单化、教条主义、自然主义表现的侵袭。此类题材表现画面人物无论服饰、神态、举止、风貌、背景，甚至叙事性，与文人画固有的审美经验及精神追求比较接近，从留世作品看，其艺术性甚或要高出同时期其他题材的作品。他们的作品传承文人画之长，又有各自的发展。

程十发的作品特点之一便是加入了许多"民俗"的东西。从造型、色彩、内容含义诸方面都"走向通俗"。他自己说过："陈老莲、罗两峰都擅画人像，画人物不能不借鉴，我借鉴的是他们把文人画走向通俗的艺术精神，普及非常重要，历史上的画家都没有注意。毛泽东的《在延安文艺座谈会上的讲话》很辩证地讲了普及和提高的问题，对我影响很大，普及和提高都是不可缺少的，我始终沿着这条路子走，注意两者的调整。"

譬如，他画中的姑娘、牧童的形象从民间艺术吸取营养，圆形的脸孔常常程式化地贴上两大块红胭脂，形状简直像膏药，这分明是民间年画、泥塑、陶俑的造型，显得稚拙可爱。鸡、鸭更是泥塑一般，笨拙而单纯，布老虎则造型奇崛而夸张。人物的坐姿常常似玩具中的不倒翁，稳定安详。服装色彩除了墨色，大红大绿普遍使用，艳而不俗，烘托出气氛和作者的心情。

又譬如，他画中陪伴人物的动物，老羊与羊羔呀，鹿呀，牛马呀，鸟呀，统统都通人性，动物的眼神是会说话的，姿态与人物表情合拍，与所表现内容情节协调，时常暗含着民间有趣的故事。那些形状和笔头似乎大咧咧的很简略，但表现情感的细节却交代得清清楚楚，一点不含糊。他自己说过，他深入少数民族地区不但关注他们的民族服饰，"以他们入画，还广泛搜集该地的民谣、民歌和民间故事等不同的艺术形式"，所以他的画内容特别丰富。

民俗中不健康低俗的东西则一并摒弃，凡是正面的，或者诙谐调皮的，他都大胆吸收和发挥。如传统故事中的钟馗嫁妹，画家们常取作画材，而程十发又进一层思考，妹妹嫁了人家，时间久了就该有小宝宝啰，于是钟馗成了舅舅，小宝宝自然有了人间诸多事体生将出来，这下民间风俗的内容便接踵而来，也就与民生贴近了。所以，智慧的程十发逗人乐，可以让人在现实繁忙的事务中，观画得到美的享受和联想，发笑生乐，增加知识，得到积极的休憩和道德的熏染。

民众是否喜闻乐见，对于旧文人画家而言是不予考虑的，至程十发及他所处的时代则变得十分重要。我们梳理中国画的近现代发展轨迹可知，其原因和规律与以下三点有关：其一，废帝制产生艺术品审美的多元化；其二，市民阶层的介入与需求；其三，海外市场的发展，"海需"增加。

中国画在文人画蓬勃发展的时期，与帝王的喜好不无关系，虽然文人画家与宫廷画

程十发《松江泖塔》
（右页图）
程十发艺术馆藏

上海近郊松江之泖湖自元明以来文人墨客僻居於此张伯雨有诗云水墨凉味蒲苇白野饭畫香松菌红惜閒行藏多嵗月不雅三泖九山中泖中遹室已毁泖塔简存園城大略并記於稍竹遠山樓中戊辰六月初三酷暑程十发

曾得到皇帝宠幸的洋画家郎世宁，用西画方法画的绘画记述了宫廷帝皇和妃子的大小活动，虽精准到毛发不差，但与中国传统审美有差距，并未完全为文人画家所接受。倒是明暗素描作肖像，在照相术不太流行的时候，街头的画像店广为采用，主要用途为应祭祀之需。后来美术院校引进了全套西式绘画教学，文人画作为封建主义的文化而被冷落。西学东渐带来科学的进步，并不表示西方文化艺术有着绝对的优势，广大民众仍然有着自己的喜闻乐见。

随着近现代商品经济的繁荣，城市的发展，市民阶层飞速壮大，过去少数贵族才能玩得起的书画渐渐走入平常百姓家。市民在接受文人画的同时，社会世俗的现实生活内容让他们有某种亲切感，此类需求与日俱增。尤其是民间具有吉祥意义的图像，广涉泥塑、剪纸、刺绣、皮影等等，而此类爱好和审美情趣也渐渐被带入绘画。

上海是国际码头，上海的文化是海洋文明。洋人成批入境在此安营扎寨，中国人也从这里出洋求学和做生意，从而带来数量可观的"海需"。有鲜明民族特色的艺术品、民俗的东西自然容易吸引洋人的眼球，但要洋人看得懂，还是要有点中西结合的成分，太含蓄的地道文人水墨画没有绚丽的色彩，往往缺少市场，传统工笔画费时费事也难以得到性价比的认可，所以色彩鲜明的大写意应该得到发展。海外市场的需求增加，洋钱的大量涌入，从王一亭推介吴昌硕，到陈师曾推介齐白石，一直到程十发时期，这都是艺术发展的一个不可忽视的因素。

程十发《晚香图》
程十发艺术馆藏

家已经有了很多区别，他们的创作不再跟随帝王的喜乐而喜乐，有了个人本体的审美介入。但是也仍然受到固有的各种观念的制约，有被动的，也有主动的。1911年的辛亥革命废帝制以后，即使多多少少还残留着专制，文艺受制于体制的状态也并未一夜之间消失，但局面却大大改观了，中国画渐成多元势态。

文人画＋古意

中国画如果一味投洋人所好，自然就会走入纯商品的不归之路。所以有见识的文人画家主张"与古为徒"，吴昌硕为代表的海派以金石入画增加了"古意"，带有浓厚古意的新画风可以说开创了一个有分量的流派。随着地下文物越来越多的发掘，这个特点越来越鲜明，其派别的影响也是全国性的，甚至引起艺术家艺术趣味的改变。程十发幼年生活在松江，这是上海地区传统文化最丰厚的地方，他得到的熏陶使之一生都特别关注地下文物的新发现。

1950 年 7 月，张岳健从国立艺专毕业，张先生分配到上海的出版社工作（由几家合并为人民出版社，后又分成几家）。张岳健与程十发曾经在一个办公室工作了很长时间。据张先生说，程先生对地下发掘的文物非常关注，对民间艺术也特别留意。不但搜集拓片、拓本、旧书，而且几乎当时文物出版社等相关机构出版的所有与文物有关的书籍和刊物，程先生都一一购买收集，张岳健说自己也受此影响，大量购买此类书籍资料，对创作极有帮助。以至于后来 1993 年山东教育出版社的 14 卷本《中国民间美术全集》，1992 年上海人美出版的《中国民间艺术》上下集等等他们个人都有置办。

程十发还热衷于遍寻古人遗踪，到无锡拜谒倪云林之墓，嘉善拜吴镇之墓，富阳、桐庐觅黄公望之墓，四处找王蒙、黄道周、陈洪绶、虚谷、任伯年等等大家的遗迹。他

富于古画收藏，后来劫后余存捐献给国家的宋元明清古字画就有 173 幅，这些字画大多数他都精心临仿过。我们从他的画册上尚能见到他的临仿之作，诸如《临马麟静听秋风图》《仿李流芳笔意》《临李稀古岚峰渔归图》《传周昉宫乐图》《临明人花卉》等等，在这些临仿作品上，程先生又一一记下自己的心得体会作为题跋，均是精辟的画论。

我们从程十发的创作中不难分辨，从古迹古物中他吸取了众多营养。包括画像石、画像砖、古陶器、门神供像等等。程十发《范蠡与西施》连环画就采用了汉画像石的装饰风格，主要用线条来表现，他自己曾经说过："用最古的笔法与最新的现实相结合，可以创造出中国画的一条新路，同时也具有浓厚的民族色彩。"可见他是带着创作目的去探索寻宝的。《丽人行》的简洁鲜明。《采莲曲》（1979）荷花、荷叶、荷梗装饰性很强，从而反衬两个姑娘，一个吹箫，一个持花聆听。《曹雪芹像》（1970）一棵古松树奇崛孤傲，用笔极古极精，与双钩的石涧小竹形成强烈对比，假山石、古松、石桌均金石味很重，主人公曹雪芹以意笔线描勾出，造型准确又不拘泥于形，没有丝毫西式素描痕迹。又譬如有些作品的红梅枝条犹如石岩的裂痕，古意盎然，也是突出用笔传神；画棕榈树同样充分发挥大写意线条的魅力，极为传神；甚至《广陵散》画面地上的几枝残菊枯叶亦非寻常之物，衬托出特别的凄凉之感。用程十发自己的话说："画中国画我总觉得可以画得大胆一些，鲜明一些，简练一些，不可画照片的形式，要夸张一些才生动。"他的夸张在很大程度上是加进了古

松壁鳴泉
甲子仲秋
碧濤寫

的痕迹和意蕴，而长于用笔有助于这种古意的表现。

文人画 + 现代文明

任何艺术都离不开它的时代，中国画走向现代文明也是势在必行。作为港口大城市，上海的艺术现代化趋向有着引领的作用，循艺术本体发展演进的规律，绘画渐渐趋向简约、概括和个性化，以及最大的宽容度。

创造现代文明，艺术家身份首先应该是现代文明人。程十发本人条件非常适合这种与时俱进式的演进，他道德高尚，天生幽默乐观，智慧风趣，又非常宽容大度。他的绘画到后来越来越简约，而概括夸张的外形饱含善意讽喻的内涵，深受民众的喜爱。他曾说："画家的最大幸福与骄傲，莫过于所画引起观众共鸣（这）一点了。"由此可知他已从自在进入自为阶段了。

笔者论述"新世俗"倾向时，曾说过"那种学院式的雅文化在上海常常遭遇敬而远之。上海是讲究生活质量的大城市，直白的现实表现总不过瘾，于是一种讲生活情趣、含有哲理、诙谐成趣、雅俗共赏的作品受到广大市民的欢迎，过去的高雅艺术终于让位于有群众基础的新式绘画"。

程十发甚至说："'雅俗共赏'是我的最大成功，也是个人所欲追求的最高境界。"作为带头人，这应该是顺理成章之事。

他认为中国画"要保持'三性'，即：一是民族性，二是时代性，三是创造性。有此'三性'后，还要位置摆对，这才不会偏离民族

绘画发展的大方向"。他主张"取法古人，再择取现实生活内容，技法是旧的，整个构图和意境应求新求变"。他谈"形"与"神"的关系，认为"形"不是主要的，为了表现"神"，故"神"有时又是内容，又是形式；为表达内容，"神"要通过形式，来促成其事，有时必须夸张。

当然，程十发艺术的个性化特点最为突出。他曾经说过："我最大的不同，就是异于他人。"他告诫学生："学人最要紧的是勿学表面形式，要学对方的'内在''精神''内涵'。""学我就不要像我，不像我的，才算学我。"

当记者要他对吴冠中的画、刘国松的画表态，他恰如其分地指出他们的特点，肯定他们的探索精神，又从容地表示"形式上，不应反对人家，艺术的好坏，还是应由时间来鉴定"。在比较张择端和苏东坡时，也表示"喜欢苏东坡，应该也容忍张择端（画的是通俗画）的存在，各种题材、各种构图，应求不同才是。画家的探索精神，付出了很大代价，应予尊重"。程十发是一个心底宽广的艺术家，引领者有这种风度，海上画坛呈现百花齐放也就不难理解了。

1979 年，程十发是"文革"后第一个出国办画展的画家，他到日本办过两次画展，又先后出展新加坡以及欧美等地。在他有生之年达到了众望所归的最高境地，研究海上画派势必深入研究程十发，已成为绘画界的一种共识。

程十发《松壑鸣泉图》
（左页图）
程十发艺术馆藏

《王季迁书画过眼录》
王季迁著、王义强编，
上海书画出版社，2021 年 7 月

谈书

宿雨清畿甸
朝陽麗帝城
豐年人樂業
隴上踏歌行

南宋　馬远《踏歌图》
故官博物院藏

祖父王季迁鉴定日记手稿的首度整理：
《王季迁书画过眼录》后记

王义强

2021 年 7 月，《王季迁书画过眼录》首版问世，书中首次整理出版了目前市面上可见王季迁所有鉴藏日记手稿——《题画杂录》《题画杂录（二）》《备忘（二）》，这些尘封多年的手稿，向我们展示了王季迁日常寓目、购藏的书画作品，兼及交游、鉴赏、考辨、售格等额外信息。

旅美四十余载，我在中美之间经历了中国艺术品的黄金年代，它带给了人们诸多的关注与惊喜。我同时也目睹了中国书画自 20 世纪 80 年代初开始在纽约文化市场上跌宕起伏的过程，这一切都得益于中国的改革开放政策，以及国人对传统文化遗产的重视。总而言之，中国传统文化的魅力与其至高的地位在世界文化领域内毋庸置疑，特别是中国古代书画的领先地位更应该值得世人来呵护与推崇。

纵观中国艺术史的演变，历代文人墨客曾遗留下许多逸品、神品和普通作品。千百年来的各类仿品，本应属于习画用途，但因利益的驱使，无疑给商人们留下了投机倒把的空间，并使得传统绘画的真伪鉴别复杂化：历代赝品层出不穷，影响至今。辨别中国古代书画真伪的问题对于艺术收藏者来说是一个永久性的课题；对于鉴藏家来说更是一个开悟性的研究项目。其间不乏一些反复论证和比较的过程。而这种论证过程使诸多有缘者乐在其中，尽情体验祖国文化遗产留给我们独特的艺术情怀。故出版本书的缘由是为了给艺术爱好者们提供更多辅助性的帮助，即用真实的资料展示出民国时期上海艺术圈人们交往的方式和收藏理念，以使后人感受到老一辈鉴藏家们的敬业精神和对传统书画的情有独钟。他们非凡的文化素养是我们学习的楷模。

　　此鉴赏文稿是在整理家族文件时偶然获得，是祖父王季迁先生在民国末年鉴赏古代书画的笔记与观后心得。其中特别是他与恩师吴湖帆先生一起在上海的那段美好时光，点点滴滴的记忆都值得珍惜。祖父 14 岁开始习画，曾跟随表舅顾麟士学习书画，顾麟士是"过云楼"顾文彬之孙，其明清古代书画家藏被世人誉为"江南收藏甲天下，过云楼收藏甲江南"。祖父对中国古代书画的启蒙教育主要来源于顾家与吴家。此文稿虽不完整，但其内容丰富并具有良好的阅读内容，给人们带来一种遐想的空间。文稿也从不同的角度反映了当时的生活状况与朴实无华的文人作风。涂改的痕迹体现了前辈们兢兢业业的求实精神，同时又让我们感受到了中国古代书画鉴赏的独特方式。回忆起

图中居中者为王季迁，右一为王义强

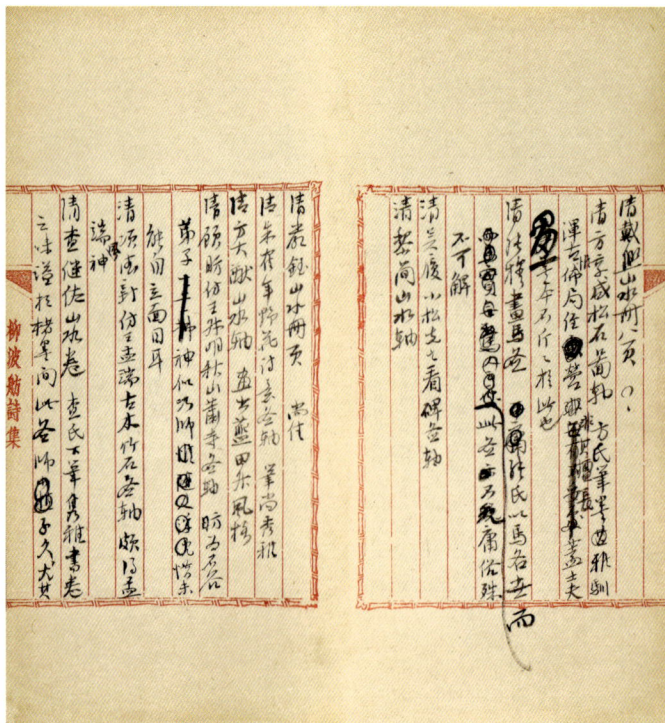

王季迁手稿

斜陽古渡頭解包席地待漁舟
林遠見青帘影醉取青錢買酒甌

蘇臺唐寅

明 唐寅《渡头帘影图》
上海博物馆藏

元　刘贯道《梦蝶图》
王琴近怀云楼藏

祖父曾对我说过的一句话："你可以怀疑一件作品，但不要轻易地给出真伪定论。"昨日谆谆教诲，如今颇有感触，受益匪浅！在漫长的历史岁月里，艺术给社会带来了文明，而保护好文化遗产也是我们应尽的义务。曾与祖父王季迁先生相处三十余载，得助于震泽王氏家族文化传承的持续，并有幸参与到中国传统文化的事业中，使我深感欣慰，并对上天的眷顾感激之至。

自 2019 年开始，承蒙上海书画出版社的鼎力支持，此书逐步编辑完善，有望近期出版。但由于近两年突发性的全球疫情事件，使我无法亲自前往上海校对文稿。若有文字失误之处还请读者们多多包涵。最后，对上海书画出版社给予的认可与编辑们的辛勤协助，谨此致谢！

东西两种文化之间：
方闻的近现代中国绘画研究

汪涤

"当演说术在古代希腊和莎士比亚时代的英国风行之际，中国古代的碑碣题铭却是同时借助书风和文字两者，彰显出了皇家的风范。"方闻的意思是，中国传统是更重视书面语而非口语，这是书法艺术在中国至高无上的原因。他把中国画看作一种追求书法笔法的艺术，这不仅对海派绘画有意义，对于现代中国画同样适用。

张大千《益都游》

近年来，海外学人的中国艺术史研究因为集海外汉学与图像证史两大学术热点于一身而备受关注。早在 20 世纪 90 年代，中国美术学院的洪再新就编选《海外中国画研究文选（1950—1987）》一书，系统翻译了罗樾、方闻、苏立文、杜伯秋、高居翰、李雪曼、梁庄爱伦、雷德侯、何惠鉴、铃木敬、列文森、班宗华、贡布里希、谢伯珂等海外学者的中国画史研究经典。

方闻在这些学者中资历极老而且作用关键。方闻是上海人，早年就读于上海交通大学。1948 年，赴美就读于普林斯顿大学，师从西方中世纪艺术史专家乔治·罗利，获博士学位后留校任教。1959 年，不到 30 岁的方闻联合儒学家牟复礼在普林斯顿大学创建了美国历史上第一个中国艺术和考古学博士计划。1971 年至 2000 年，方闻又兼任美国纽约大都会艺术博物馆特别顾问。方闻借助在高校和博物馆的两栖任职推动了艺术史人才的培养，他的学生遍布全球重要的艺术史院系和世界大博物馆的东方部，形成了实力强劲的"普林斯顿学派"。他借用西方美术史研究中的结构分析法来解决中国古代书画的断代问题，主张考古、文献资料、传世画三方面的相互参证。这一研究方法在研究古代山水画史著作《心印》（1984）中有集中体现。

《心印》早在 1993 年就由上海书画出版社组织翻译和出版，使得方闻成为最为国人知晓的海外中国艺术史学者，其声望只有加州大学伯克利分校的高居翰可以抗衡。后来，书画社又策划了"方闻中国艺术史全编"，目前已经出版了《夏山图：永恒的山水》《中国

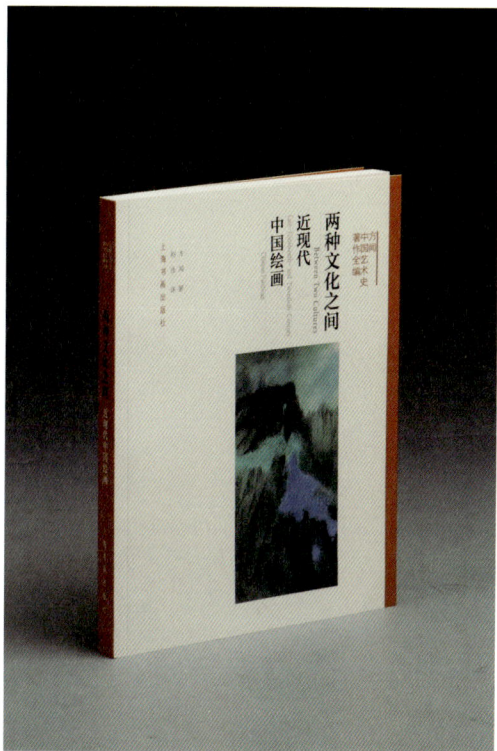

方闻：《两种文化之间：近现代中国绘画》，上海书画出版社，2020 年 12 月

艺术史九讲》《宋元绘画》等多种。《两种文化之间：近现代中国绘画》以下简称：《两种文化》之间是这一系列中的最新一本，也是唯一一本中国近现代绘画专著。方闻说这本书是他个人中国书画史研究的尾篇，也是对半个多世纪以来研究心得的一次适时总结。该书英文版出版于 2001 年，那时方闻刚卸下大都会艺术博物馆的职务。书中所述的近现代绘画以该馆藏品（来自安思远等藏家）为基础，体现了作者与博物馆之间长达三十年的紧密合作关系。该书还是方闻对自己早年艺术生涯的还愿之作。他青少年时代生活在上海，10 岁左右便开办了个人书法展，被业

界誉为神童，老师是著名书法家李健。李健的叔叔是清末进士、两江优级师范学堂的创始人李瑞清。李瑞清和另一位进士曾熙在民国初年寓居上海，是张大千书画上的主要老师。李健曾任上海美专教授，后来又成为上海中国画院的首批画师。正是通过李健、李瑞清、张大千等，方闻接触到了鲜活的中国近现代绘画史。

在海外学者中，方闻并非第一位撰写中国近现代美术的。西方关于 20 世纪中国绘画的学术研究始于苏立文 1959 年出版的《20 世纪中国艺术》。1973 年，他又推出了《东西方艺术的交汇》一书。而他在 1996 年出版的《20 世纪中国艺术与艺术家》则最具实用性，该书将艺术置于当时中国多变的社会背景下探究其发展。根据苏立文的看法，中国画的现代化就意味着西化。同期，还有美国女学者安雅兰 1995 年的作品。相比于以上学者的西化和政治化的视角，方闻更尊重中国近现代绘画的传统文脉，更强调对东西方文化传统的比较。在这方面，方闻认同美国史学家柯文提出的"在中国发现历史"的中国中心观，也与香港大学教授万青力的观点更

齐白石《山水》

为接近。

万青力曾在中央美术学院史论系、中国画系就读，是李可染的研究生，20 世纪 80 年代到美国留学时，跟随美国堪萨斯大学的李铸晋攻读博士。李铸晋、万青力后来撰写了《中国现代绘画史》之晚清、民国、当代三部曲，2003 年由文汇出版社出版。《中国现代绘画史》的写作范围从鸦片战争一直延伸到 1990 年，涉及上百位画家，内容相当全面丰富。《两种文化之间》虽然也涉及上述时间段，但是每段仅举了五六位画家。比如晚清时期仅有赵之谦、虚谷、任伯年、吴昌硕、王一亭等数人，民国时期仅有齐白石、黄宾虹、张大千三人。实际上，方闻并无意完全按照时段来介绍这些画家，其章目"沪粤两地的画家""西化派""传统三大家"等主要的依据是风格和文化而不是时期。这种划分虽然会遗漏不少重要的画家，但也正可以重点论述某些关键人物。上述大家每人都有三四页的篇幅，而《中国现代绘画史》中画家研究每人只有一页而已，更像是词典的介绍。

《两种文化之间》将李瑞清、李健放入沪粤两地画家中的古典派，与吴昌硕的好友王一亭并列，这一方面源自方闻个人对李氏叔

吴昌硕《松岭闲云》，1920 年
日本福山书道美术馆藏

《江山如此多娇》创作场景

傅抱石、关山月《江山如此多娇》，1959 年
北京人民大会堂藏

侄的感情，另一方面也是对赵之谦以来上海金石书画传统的高度认同。方闻认为金石书画家的治学精神是现代而非保守的，中国画的创新源自书法这种受古代金石碑碣研究启发的艺术。方闻还将欧洲语言与汉语之间的根本差异进行比较："当演说术在古代希腊和莎士比亚时代的英国风行之际，中国古代的碑碣题铭却是同时借助书风和文字两者，彰显出了皇家的风范。"（引自《两种文化间》第 19 页）他的意思是中国传统是更重视书面语而非口语，这是书法艺术在中国至高无上的原因。方闻把中国画看作一种追求书法笔法的艺术，这不仅对海派绘画有意义，对于现代中国画同样适用。他指出，李可染、石鲁等人在界定其各自艺术的"现代性"时，始终不懈地探求着碑体的表现力。在西化派部分的写作中，方闻不仅纳入了高剑父、徐悲鸿、刘海粟等公认的中西融合派人物，还将傅抱石、丰子恺也纳入其中，这是具有卓识的。这和两人留学日本的背景有关，而且

方闻还找到他们与横山大观等日本画大师之间的联系。比如，傅抱石领衔的著名国画《江山如此多娇》就与横山大观的《八岛日本国》在构图、场景表现上颇为接近。在方闻看来，傅抱石将横山大观的明暗技法与中国画的写意、书法性笔法和泼墨融为了一体。

在金石传统派与西化派之间，方闻更偏爱前者，他说："从本质上讲，徐悲鸿的西方写实主义是学院式的，因此也是精英且保守的；而传统派画家齐白石、张大千的作品尽管是从中国传统中来，但其实际的风格和内容却是平民且现代的。"（引自《两种文化间》第 16 页）方闻也并非否定中西融合，而是发现徐悲鸿对于表现性的重视，对于气韵和神韵的关注。徐悲鸿虽然主张中国画要趋向写实，但是并未放弃对笔墨表现力的追求。方闻试图从更高的层面超越传统与现代、东方与西方的对立。他说，中西绘画都是再现性绘画，但有两种不同的传统。东西方传统都曾经历过由写实到抽象的转变。于西方画家

元　赵孟頫《双松平远图》
美国大都会艺术博物馆藏

而言，这种转变是对幻象的最后一次绝地叛离，但中国画家却并未就此创造出非具象的艺术。方闻运用美国抽象艺术理论家格林伯格的术语描述赵孟頫的《双松平远图》，认为从该画开始山水画出现了对形似的摒弃，创作的重点由模拟再现转向了媒介本身，这种趋势在东西方都存在着。方闻还说吴冠中看似借鉴了美国抽象表现主义画家波洛克的风格，但他的作品不是纯抽象的而是承袭了中国的写意传统。吴冠中的"风筝不断线"之说正是强调抽象必须服从于现实世界，其浪漫情怀则体现了中国画家一直以来注重创作过程而非实体呈现的文化传统。

方闻说自己研究中国的近现代绘画有助于了解当时世界上跨文化影响的复杂性。作为一个在东西方都有着长期生活和研究经历的学者，他将自己的跨文化感受融入了绘画研究并上升为一种方法论的认识。他说，模拟再现和主观表达的双重强调始终是一对辩证的统一，它是中国艺术家赋予中国画现代性的根本抓手。艺术现代性的方式，又何尝不是一种中国文化和社会现代化的方式呢！这或许就是《两种文化之间：近现代中国绘画》的根本意义所在，美术史既是一种科学的图像结构分析，更是一种跨文化的人文对话。通过绘画，方闻在两种文化之间找到了沟通的可能性和未来发展的共同趋向。

（原文发表于《文汇报》，有删改）

朱屺瞻《竹石图》（局部），1995 年
朱屺瞻艺术馆藏

馆　事

书中提到的，只是各个名家馆的藏品的一部分，如果你对这些艺术家和他们的作品有兴趣，不妨循着这里的信息，到各个名家馆走走看看。

❶ 吴昌硕纪念馆
浙江安吉县安吉大道 2 号

❷ 徐悲鸿纪念馆
北京新街口北大街 53 号

❸ 潘天寿纪念馆
浙江杭州南山路 212 号

❹ 齐白石纪念馆
湖南湘潭白马湖

❺ 黄宾虹纪念馆
浙江杭州孤山浙江省博物馆书画部

❻ 张大千纪念馆
四川内江大千路

❼ 傅抱石纪念馆
江苏南京汉口西路 132 号

❽ 朱屺瞻艺术馆
上海欧阳路 580 号

❾ 李苦禅纪念馆
山东济南历下区大明湖路 271 号

❿ 李可染艺术馆
江苏徐州广大北路 16 号

⓫ 林散之纪念馆
江苏南京江浦求雨山

⓬ 沙孟海书学院
浙江鄞县东钱湖

⓭ 个簃艺术馆
江苏南通文峰路 7 号

⓮ 王雪涛纪念馆
山东济南历下区大明湖路 271 号

⓯ 吴茀之纪念馆
浙江浦江书画街 5 号

⓰ 郭味蕖美术馆
山东潍坊东风西街

⓱ 陆维钊书画院
浙江平湖大南门

⓲ 陆俨少艺术院
上海嘉定东大街 358 号

⓳ 何海霞美术馆
陕西西安书院门 104 号

⓴ 沈耀初美术馆
福建漳州乡城区市尾市美 135 号

㉑ 赖少其艺术馆
安徽合肥政务文化区石台路艺术公园内

㉒ 宋文治艺术馆
江苏太仓太平南路 38 号

㉓ 程十发艺术馆
上海松江区中山中路 458 号

㉔ 周昌谷艺术馆
浙江乐清中心公园

1	2	3	4	
5	6	7	8	9
10	11	12	13	14
15	16			
17	18			
19	20			
21	22			
23				
	24			

⟨馆 事⟩

文化价值的坚守与传播：
小型书画名家艺术馆的学术研究和发展策略

陈永怡

20 世纪的名家大师不仅艺术成就高超，群聚成高原，耸立成高峰，而且皆勇担文化使命，继民族绝学，开艺术新路，为传统文化的创造性转化和创新性发展做出了榜样。名家馆的最终使命，就是要通过名家大师的艺术，把中国文化艺术的价值理清楚、说明白，让更多的当代人产生价值认同。

名家大师不仅引领着美术史上的画派画风，更标示着艺术创造的高原高峰。陈寅恪曾说："自昔大师巨子，其关系于民族盛衰学术兴废者，不仅在能承续先哲将坠之业，为其托命之人，而尤在能开拓学术之区宇，补前修所未逮。故其著作可以转移一时之风气，而示来者以轨则也。"名家大师既能在文化根基上回狂澜于既倒，支大厦于将倾，又能于文化道路上开拓风气，牖启民智。潘天寿说过，"印度虽亡，印度的文化未亡，有泰戈尔在，将永放光彩"，也是从文化救亡的角度言的。名家大师犹如一座座丰碑，矗立在美术史的长河中，而名家大师的艺术馆就要把丰碑树正擦亮，让后来者知所从来，明所将往。

近年，在各地注重地方文化挖掘，加大文化投入的良好态势下，名家馆不断涌现，成为公共文化服务亮丽的风景线。相较于综合性美术馆，名家馆具有自身鲜明的特色：硬件方面，多数馆舍位于名家大师的桑梓故乡，以故居为基础修缮扩建，是当地重要的文化设施和文化景观。大部分名家馆具有纪念性质，建筑体量往往不大，宜于策划规模适中的展览；软件方面，名家馆的藏品独一无二，主要来源于名家自己捐赠或家属在其身后捐献的名家个人作品和收藏品。很多名家馆往往是全国收藏该名家作品最丰富的地方，倚赖这一得天独厚的资源优势，很多名家馆通过藏品研究和展览策划，在个案研究上树立了特色。

当然，在良好的发展大环境下，名家馆

仍各有难处。馆舍老旧失修、人员编制不足、经费捉襟见肘、机制牵掣不畅等，问题不一。但名家馆都逐渐意识到，学术研究才是立馆根本，需要持续性积累，不是外部条件成熟就能立竿见影的。名家馆的学术研究可以从四个方面着手：

以文献为基础

名家大师的艺术是 20 世纪艺术史的主要构成部分，对名家大师的个案研究形成 20 世纪艺术史的主要叙事，对名家大师的挖掘也是其中重要的生长点。名家馆的主业是研究、弘扬名家的艺术成就，自然也要主动承担起个案研究的角色和任务。个案研究的基础是充分挖掘、核实、梳理文献史料，包括实物、文字、图像和口述等史料，尤其是口述史料更为珍贵。名家馆应长期不遗余力地搜集甄别文献史料，并以学术公心提供给广大研究者使用，推动 20 世纪艺术史的细作深耕。

平湖陆维钊书画院就十分重视口述资料的保存，他们已完成录制《陆维钊友生访谈》25 位学者的访谈，使原有的文献资料更为立体翔实。他们还依托院刊《陆维钊研究》持续展开史料钩沉，成效显著。合肥赖少其艺术馆长年专注赖少其基础资料收集整理，出版《赖少其版画文献集》《赖少其学术研究参考图文集》《赖少其山水花鸟书法篆刻集》等，汇集大量珍贵文献，方便学者查阅参考。江苏南通个簃艺术馆历年来也编撰出版《王个簃书法选集》《霜荼阁诗——王个簃诗稿全集》《王个簃篆刻集》《王个簃年谱》等基础文献，为开展更深入全面的研究提供了良好的基础。2021年程十发 100 周年诞辰时，松江程十发艺术馆以数年基础资料积淀之功，用六个系列专题展的形式，分别聚焦程十发的书画用印、古代收藏、艺术教育、戏曲人物、地域人文与海派延伸六个选题，整体推进百年诞辰纪念活动的开展，展现了基础资料对学术研究重要的推助作用，令人耳目一新。

潘天寿《小龙湫下一角图》
潘天寿纪念馆藏

潘天寿《晴江晓色图》
潘天寿纪念馆藏

以作品为核心

一段时间以来，因为社会史学等研究方法的引入，让艺术史研究较多关注艺术的外部关系，而相对忽视了艺术本体的理解。很多艺术批评的雄文，换另一个画家的名字也适用，就是反映了缺乏作品本身解读的尴尬。近年，艺术史研究开始重新回归作品本身，重视对作品的感受、画面的鉴赏、真伪的鉴别、风格的辨析，以拉开艺术研究与一般社会科学研究的距离。

范景中老师在《美术史研究中"作品"本位》一文中说："对艺术作品进行释说、品读、深味、描述的能力，是如今若干美术史研究者日渐缺乏的，也是需要持久的过程而尤难培植的。它包含了理性和感性两种思维途径的混融，需要对作品完成历史叙事和理论阐发，还需要情感的介入与美学的赏鉴，同时在某些论说细节处最好有诗性的文笔来描述。由此可知，以作品为本位，看似是一个陈旧话

潘天寿《秃头僧图》
潘天寿纪念馆藏

题的再提，实则是对当前美术史研究的一种来自学科内部的专业要求。"

　　作品是名家馆的优势资源，部分馆通过全集出版和学术性展览，建构起名家的作品图谱和叙述体系。对作品风格的历史性和转折期梳理、作品的对比研究、作品的普及化解读、作品的新阐释，对作品意义的全方位专业性开掘，都是名家馆可以着力的地方。

以问题为导向

　　从文献和作品梳理中发现、提炼和回答真的而非假的学术问题，是名家馆在知识生产上能够真正对 20 世纪艺术史书写有所贡献的关键所在。当然这需要学术训练和学术眼光。这些问题有的是学术史上的问题，有的则是名家终其一生关切但至今未得到解决的。现在很多的学术研究和展览组织缺乏问题意识，材料很丰富，但却提不出问题，更缺乏在问题意识下对理论与方法的探索。

　　材料本身是无生命的，研究者须对材料仔细审读比对，宏观把握，微观剖析，才能让材料为自己所用。同时，要避免碎片化的唯材料论——材料堆积如山却缺乏问题意识贯穿；唯目的论或决定论——先预设一个理论框架，再裁剪填塞材料，忽视了材料的鲜活性和适用性；唯方法论——方法皆从问题来，不能为方法而方法。且根本没有一种普适性的方法，方法一定要适用于对象和问题。

　　潘天寿纪念馆曾经策划"潘天寿写生研

究展"，深入揭示了中国画传统写生方式对20世纪中国画变革的重要影响；策划的"潘天寿变体画展"，探讨艺术创作中的不断自我否定、不断实验和精进的现象，类似展览关注和揭示了当代中国画创作的重要问题，因此具有较强的现实意义。这几年潘馆持续关注中国画笔墨的传承发展问题。以潘天寿学生、已是古稀之年的画坛宿将的视角，讲述潘天寿这一代老先生的笔墨观和教学理念，以及学生自身对笔墨发展的思考和实践。因为笔墨是中国画之基，是潘天寿他们始终坚守的中国画之核心，也是当代中国画创新绕不过去的话题。

以价值为旨归

研究笔墨的意义，其实就是标树中国画的独特价值。20世纪的名家大师不仅艺术成就高超，群聚成高原，耸立成高峰，而且皆勇担文化使命，继民族绝学，开艺术新路，为传统文化的创造性转化和创新性发展做出了榜样。名家馆的最终使命，就是要通过名家大师的艺术，把中国文化艺术的价值理清楚、说明白，让更多的当代人产生价值认同。

要把名家放置在历史的上下文中，以客观的历史研究的眼光，精准定位名家的成就和地位，警惕过度阐释，实事求是，不偏不倚，不盲目、不夸大。做名家个案研究，不可能就事论事，也不能就事论事，而是要由点及面，以小见大，这样可以做得很宽很广。

当代视觉文化极力排斥价值判断，宣称"人人都是艺术家"，其实是抹平了作品的艺术和历史价值。很多名家馆现在利用一些数字手段传播名家艺术，其中要警惕当代观念植入而瓦解经典的价值。尤其对于经典书画的解读，不能背离或矮化其艺术价值。

除了上述学术研究策略外，名家馆还有四个发展"锦囊"：

一是错位发展。每个馆应根据自身所有的地域、资源、人才等条件做清晰定位，有所为有所不为，突出亮点，切莫贪大图多，要以质取胜。陆维钊书画院依托馆主中国高等书法教育先驱者之一的身份地位优势，将发展定位在书法教育的推广，成功举办三届"书学之路"中国高等书法教育论坛以及成果展，取得了广泛的社会影响。

二是善于借力。名家馆共性的问题是专业人才不足，致使名家馆在现代美术馆的管理理念上相对滞后，进而影响到研究和策展的水平。除人才引进、自我培养途径外，名家馆还可以通过搭建交流平台，集聚馆外专家学者，尤其是年轻学者，以小博大，让自己保持与学术研究前沿的接触。潘天寿纪念馆这些年聚焦潘天寿及中国近现代美术史研究，希望在与国内外学者的互动中，激发名家大师研究的新突破。程十发艺术馆与各博物馆、美术馆及高校学术机构建立了学术交流与互动机制，推动学术工作向高质高品方向拓进。太仓宋文治艺术馆在宋文治百年诞辰之际，专门组织了一场以青年学者为主的研讨会，进行了面向全球的论文征稿活动，因为青年是中坚力量，而传统艺术的研究也将因为青年人的更多参与而焕发勃勃生机。

三是参与竞争。很多名家馆觉得自己地

域偏、级别低、规模小，怯于在全国性的评优活动和项目申报上同综合性大馆竞争。其实竞争有利于专业人才的成长，有利于在更高的平台上进行开放性交流。近些年，书画名家馆在全国美术馆各类评选中甚是活跃。如赖少其艺术馆策划的项目14次入选文旅部各类项目，4次荣获部奖；其中10次入选文旅部"全国美术馆馆藏精品展出季"项目，2次荣获"优秀展览项目"。陆维钊书画院2次获国家艺术基金资助。南京傅抱石纪念馆策划的"往事如昨——傅抱石先生故居史料展"、嘉定陆俨少艺术院策划的"红色印记——陆俨少红色题材艺术文献特展"分别入选、入围青年策展人扶持计划，展现了名家馆的专业实力。

四是立足当地。名家馆归属不一，管理机制也各有差异，但很多馆其实承担了当地综合性美术馆的职责，通过开展丰富多彩的公教活动，为提升社会美育水平做出自己的贡献。赖少其艺术馆目前是合肥市重要的对外交流平台和文化名片，全国巡展频繁，影响广泛。程十发艺术馆充分发掘并盘活传统书画资源与地域文化资源，向公众呈现高品质的展览和公共文化产品，在松江区"书画之城"建设中扮演了重要角色。乐清的周昌谷艺术馆除了研究推广周昌谷的艺术，兼具乐清地域文化传播、艺术展览及培训等功能，提升了乐清市的文化氛围，提高了乐清市民的文化品位。

名家馆是中华优秀传统文化传承发展的重要基地，是体现新时代公共文化服务水平的重要窗口。名家馆要立足当地资源，挖掘

名家与地域文化的关系，让名家馆成为当地文化的"金名片""靓窗口"，积极争取政府支持，坚守文化价值，传播文化理念，满足人民文化需求，增强人民精神力量，更好地为繁荣社会主义文化事业服务。

研讨会

展品

展览现场

重叠与重现：朱屺瞻与四个梅花草堂

马 艳 陶大珉

作为经历清末、民国、新中国三个历史时期的朱屺瞻，在漫长的艺术生涯中先后拥有过多个画室，比如"修竹吾庐""乐天画室""梅花草堂""癖斯居"等，除"癖斯居"因朱屺瞻的谈艺录《癖斯居画谭》而流布艺苑之外，最负盛名的画室便是"梅花草堂"。与历史上很多文人一样，朱屺瞻一直将凌寒不惧、倔强冰霜的梅花品格作为自己的精神象征，对梅花情有独钟，不仅画梅、种梅，也将在家乡建立的画室命名为"梅花草堂"，以此自诩。

"梅花草堂"画室作为朱屺瞻最重要的创作地点，曾分别存在过四个实体空间。

黄宾虹《梅花草堂》
私人藏

第一个梅花草堂
与《梅花草堂集册》

朱屺瞻的第一个"梅花草堂"始建于 1932 年。时年 41 岁的朱屺瞻在举办了"朱屺瞻淞沪战迹油画展览"之后，回到家乡太仓浏河镇。老宅已被日寇焚毁，他买下宅后的一片空地重新修缮，在房屋周围种植梅花百余株，并将新建的画室命名为"梅花草堂"，自号"梅花草堂主人"。这是座具有典型江南民居风格的建筑，设有中国画室、西洋画室、书房、会客室、起居室，屋外花园占地十来亩，有一个当年日军空袭留下的弹坑，朱屺瞻因地制宜，蓄水为池，后来被姜丹书名之为"铁卵池"，以志不忘日本的侵华暴行。

身处浏河时期"梅花草堂"的朱屺瞻，其绘画创作一直是中、西绘画齐头并进，期间积累作品甚多。据《朱屺瞻年谱》记载，1933 年 10 月"朱屺瞻绘画展览"中曾展出中国画、西画六十余幅；1936 年 6 月的广州市立图书馆举办的"艺风社第三届展览会"上，朱屺瞻展出国画《梅花》《琵琶》《竹树》《江涛万里》等作品，其中作品《梅花》发表于《艺风杂志》第四卷第五、六期合刊，并题云："亭亭玉立岁寒身，回首千花总复尘，谁伴白云来树下，看花不是种花人。二十五年春，朱屺瞻画于梅花仙馆。"[1] 1937 年，因家乡沦陷，朱屺

太仓浏河新镇梅花草堂故居，后园中先生手植梅树

梅花草堂旧址（拍摄于 20 世纪 60 年代）

吴湖帆《梅花草堂图》
私人藏

瞻由太仓浏河梅花草堂避居上海江苏路中一村二十一号。"鉴于时局严重，屺老连忙把存放在'梅花草堂'的上千幅油画、国画转移到上海租界。随着时局的进一步恶化，管家怕出事，背着屺老销毁了全部油画和部分国画。"[2] 由于其早年作品被毁，只能通过目前留存的少量资料来追忆这段时期的创作迹象。

在这座位于家乡的画室，不仅留下了朱屺瞻辛勤创作的汗水，也有与画友们研讨艺事的雅集交往。在"白社画会"组织艺术家外出写生时，朱屺瞻曾邀请大家去浏河梅花草堂聚会，他以梅花草堂主人身份盛情接待大家，"为纪念这次聚会，朱屺瞻、潘天寿、姜丹书等六人合作了两幅四尺花卉"[3]。《朱屺瞻年谱》中有详细记载："暮春，与潘天寿、姜丹书、金维坚、吴茀之、张振铎重游富春江，先生作速写数十幅而归。及返，复招游太仓，雅集于先生故居浏河'梅花草堂'，吟诗作画，

研讨艺事，欢聚数日而散。"[4] 此外，汪亚尘、陈抱一、周碧初、唐云等艺术家也曾在此"梅花草堂"合作有《松竹双鸡图》《割烹图》《蛇逐蛙图》《怪象图》等画作。[5]

1936年朱屺瞻以"梅花草堂"为创作题材邀请美术界友人题诗作画，留下了许多佳作，像齐白石、黄宾虹、王一亭、汪亚尘、吴湖帆、潘天寿、姜丹书等都画了《梅花草堂图》，有关梅花草堂的创作活动从20世纪30年代初绵延到50年代初，总计数十几件，每人一画一书，汇为一册，亦传为佳话。此册在"文革"初期上缴文管会，后发还时缺失了潘天寿、贺天健二位名家作品，成为憾事。为续前缘，朱屺瞻在20世纪80年代再度邀请画友绘写"梅花草堂"册，包括陆俨少、谢稚柳、宋文治、赖少其、程十发等名家均有佳作寄赠，这些作品与前册合为《梅花草堂集册》。朱屺瞻后补绘图文，记叙集册始末，

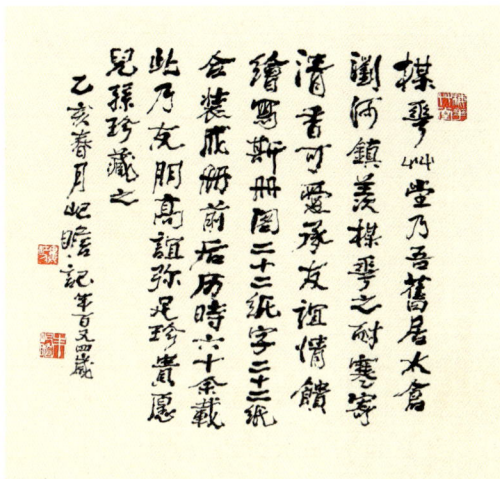

《梅花草堂》集册朱屺瞻题字

1970 年，朱屺瞻先生正在翻阅《梅花草堂图集册》，缅怀故友，图中为齐白石诗文与图画

他在集册前写道："梅花草堂乃吾旧居太仓浏河镇。羡梅花之耐寒，寄清香可爱，承友谊情馈，绘写斯册。图二十二纸，字二十二纸，合装成册，前后历时六十余载。此乃友朋高谊，弥足珍贵，愿儿孙珍藏之。"此册在朱屺瞻 105 岁时，由上海人民出版社出版，有限印刷了 105 册仿真宣纸本册页。

到民国后期，朱屺瞻在上海另建"梅花草堂"，而太仓浏河镇的画室则因实物的缺失而逐渐被历史遮蔽，但通过风貌各异的《梅花草堂图》，如此众多的名家联手，以各人的迁想妙得，绘出趣味迥然不同的"梅花草堂"，使得这座最初"梅花草堂"的意象得以装裱成册，聚聚散散地流传下来，而中国绘画史上，类似像《梅花草堂集册》荟萃一代名家去描绘特定题材颇为罕见，这套集册一定意义上也成了近代中国画坛风雨聚散的某种缩影，生动地展现了朱屺瞻与 20 世纪近现代艺术大家的人文交流与书画友谊。而在 1991 年朱屺瞻百岁诞辰和 2011 年 120 周年诞辰之际，太仓浏河镇政府先后在其故居原有基础上重建"一进一院"的"梅花草堂"，后扩大为"三进二院"，最终建成朱屺瞻纪念馆，让后人得以寻访。

第二个梅花草堂与齐白石的"印缘"

抗战胜利后的 1946 年，朱屺瞻在上海淘砂场果育堂街着手修筑新的"梅花草堂"，这是一座田园式的洋房，占地一亩六分，仍分中西两个画室，油画室 100 平方米、国画室 60 平方米。花园里种植梅树百余株，曲径通幽，

上海淘砂场果音堂街 97 弄 7 号梅花
草堂旧址一角

并缀有假山。

　　淘砂场时期的朱屺瞻作画勤奋，中西并重，创作颇丰。通常
他清晨研究书法，上午国画或外出走访，下午油画，晚上看书或
临摹国画。在油画创作方面，朱屺瞻的绘画题材侧重于静物、肖像，
也有部分风景，他不间断地画了三四年油画，又积累了几百幅作品，
到 1952 年朱屺瞻迁出淘砂场"梅花草堂"，大批油画寄存友人家，
后在"文化大革命"中未能幸免，损失殆尽，以至于世人对朱屺
瞻这一阶段的油画创作进程知之甚少。而与油画创作相比，朱屺
瞻此时的国画则呈现另一种状态，他继续下大力气，系统地研究
中国传统绘画，偏重研究传统技法、意趣，特别是文人绘画的来
龙去脉，除了临摹古画，朱屺瞻还追寻历史上许多文人画家的脉
络来描绘仿古图卷，留下不少类似风格的画作，从 1944 年《仿倪
高士山水图》《仿李刘山水册》《仿沈石田山水》到 1949 年《仿王
孟瑞潇湘图景》等。即使非摹非仿的创作，朱屺瞻也力图在画面
上体现古人意趣，例如 1949 年秋作《苍松筠谷图卷》，自题："己
丑首秋，师夏太长、大条子二家墨法，娄水朱屺瞻。"

　　而地处上海闹市的"梅花草堂"使得朱屺瞻与海上诸家们有
了交往上的便利，彼此写生聚会、谈艺论道。据《朱屺瞻年谱》

齐白石刻"六十白石印富翁"
上海博物馆藏

齐白石刻"梅花草堂"
上海博物馆藏

齐白石刻"梅花草堂"
上海博物馆藏

里提到，常来南市梅花草堂研讨西画者有陈文士、周碧初、钱鼎，还有位叫沈应印的女学生；研讨国画者有张大壮、贺天健、孙雪泥等人，不时也有一些老朋友来梅花草堂客串作画聚谈，如汪亚尘、唐蕴玉等，潘玉良、刘海粟也是座上宾。梅花草堂接待的最后一批朋友是潘天寿、吴茀之、诸乐三："春日，潘天寿、吴茀之、诸乐三自安徽霍邱土改归，途经上海，访先生于梅花草堂，握手甚欢，咸谓老来得逢盛世，当以余年为新社会多做贡献也。"[6] 新中国建立后，经过"三反五反"运动，朱屺瞻老家的田产及其修筑的梅花草堂也都烟消云散，其于 1952 年从淘砂场迁出，借居南昌路二五四弄四号。

淘砂场时期"梅花草堂"最为人所知的是朱屺瞻与齐白石于 1946 年在上海的会晤。两位先生以金石订交，始于 1929 年。那年冬天，朱屺瞻见到齐白石印作后，十分喜欢，他婉拒徐悲鸿为其带求的美意，遂按润例通过荣宝斋上海分号向齐白石订制印章。齐白石每次刻好印，"必自制木盒，亲书地址和姓名付邮，从不假手他人"。十九年来，二人虽天各一方，却经常翰墨往来，谈诗论画，情同莫逆。而直到 1946 年秋齐白石来上海办展，朱屺瞻去龙华机场迎接，两人才第一次见面，齐白石面对朱屺瞻，执手忘情，连声说："想煞我也！想煞我也！"在沪期间，齐白石假寓愚园路，忙于创作，无暇会客，却与朱屺瞻多次欢聚，并在其所作梅花长卷上欣然题跋，临别时还以题有"常相见"三字相赠。

齐白石前后为朱屺瞻订制了七十多件自用名印和闲章，朱屺瞻也因而成为南方拥有齐白石印章最多的人。据齐白石 1938 年赠朱屺瞻《墨梅图》题跋所记，此时梅花草堂所存齐白石印章已约四十五枚。而到了 1944 年，已增至六十有余，为此朱屺瞻特意请齐白石刻了"六十白石印富翁"一印，同年又作《六十白石印轩图卷》，叶恭绰为书引首，齐白石作跋。朱屺瞻自跋曰："湘潭齐白石先生以篆刻名天下，奏刀沉雄淬利，古迈绝伦，为予治印六十余方，因名予斋名曰'六十白石印轩'，以资景仰。盖予与先生十载神交，暌隔千里而未尝一面，乃来书引为知己，欣喜之余，不自谫陋，爰作斯图，藉志秋水兼葭之感。"在"六十白石印富翁"一石边款上，齐白石说"屺瞻仁兄最知予，刻印予曾自刻'知己有恩'印，先生不出白石知己第五人"。此印也成为梅花草堂白石印存中最有代表性的一方篆刻作品。而后朱屺瞻将所得齐白石印章拓印成《梅花草堂白石印存》，由潘天寿签署，齐白石作序。朱屺瞻不仅"万里寄石"，求刻印章，还请齐白石作画、题诗。在篆书匾额"梅花草堂"题记中，齐白石曾写："吾曾为画友屺瞻先生刊梅花草堂印，后为画梅花草堂图，再三画梅花立轴。今又于沪渎筑新屋，万里函索此四字，吾友真与白石有缘也。八十八也。"[7]

遗印中的主要部分为齐白石于 20 世纪 30 年代中期至 40 年代前期的作品，当时齐白石七八十岁，处于衰年变法之后，因而梅花草堂所藏齐白石篆刻具有很高的艺术价值，如

孙慰祖在《梅花草堂所藏齐白石篆刻》所述："从早期的双刀白文转向单、双刀间用仿六朝凿印，最后基本上以单刀冲刻的技法以及边款风格的嬗变过程，在梅花草堂遗印中大致可以得到印证。"[8]这批沁浸了朱屺瞻先生半生心血的印章在经历浩劫后，1978 年重又回到梅花草堂，朱屺瞻时年正值 87 岁，他满怀深情作《梅花草堂图》追念亡友，并题记云："白石老人与余交游 30 余年，前后为余刻石七十三方，余甚珍之。丁未春呈交文物保管处，近由画院发还，余欣幸兴奋之余，写此志亡友之深情，并庆形势之焕新。"在世纪之交的 2000 年，朱屺瞻家属将 68 方齐白石为朱屺瞻篆刻的印章捐赠给上海博物馆。翌年，在朱屺瞻 110 周年诞辰之际，上海博物馆和朱屺瞻艺术馆共同举办了"六十白石印轩藏印展"，并出版画册《梅花草堂白石印存》。

综上文献可知，在"梅花草堂"的浏河时期，朱屺瞻和齐白石已开始书信往来，订印作画，这段交往到抗战结束时，朱屺瞻所订藏齐白石制印主体已基本完成。而在淘砂场的第二个"梅花草堂"最为人称道的是朱屺瞻和齐白石两人在上海的见面交往，以及完成全部印存的整体编撰。此后这批具有很高艺术价值的齐白石印作，长期伴随和滋养着朱屺瞻的艺术生涯，也成为其绘画创作日后重要的组成部分。而太仓和上海两地前后两个时期的"梅花草堂"，则成为朱屺瞻与齐白石结缘半生的最佳见证，在近代美术史上两位先生之间的印缘堪称一段佳话，南北两位大家之间的深情厚谊已默然融入画史艺事。

第三个梅花草堂与朱屺瞻 "耄年变法"

新中国建设时期的 1959 年，朱屺瞻迁居到巨鹿路 820 弄景华新村 12 号 3 楼，寓所是一间大约十平方米朝北的新式里弄房，弄堂口牌楼上刻着的 "景华新村" 四个大字便是朱屺瞻的手迹。在其研究文集里，朱屺瞻经常把这一时期称为 "癖斯居" 时期。1978 年前后朱屺瞻的居住条件得到改善，12 号的三个楼层都归他居住，朱屺瞻把画室搬到了二楼，有了一间比较宽敞的画室，斋名又开始使用 "梅花草堂" 旧称，自此有了第三个 "梅花草堂"，其 "耄年变法" 以后的许多代表性作品就是在这间画室里创作完成。在 20 世纪 50 年代初，由于特定的历史原因，朱屺瞻开始此后专攻中国画。朱屺瞻早年曾东渡日本，就看到日本以民族化来吸取西方艺术的倾向，而中西艺术兼习的他，最终在中国画的领域里尝试融合西方绘画的特质，使其画作在色彩观念和表现手法上具有革命性的意义，而具体在艺术创作上重大突破之一便是 "泼色法" 的开创，以此成为一种全新的语言图式，为其后期山水画的创作打开了新生面。朱屺瞻在画面上最早使用泼色法大约是在 1975 年前后，到 1977 年初完成了兼具哲学思索与艺术意象的《浮想小写》册页十二幅，被作家冰心称为 "雅健雄深、意出画外，非有阔大的胸襟、精湛的艺术不能作此。" 到 20 世纪 80 年代接近 90 岁高龄的耄耋之际，朱屺瞻以 "泼色法" 为代表实现了其艺术创作的 "耄年变法"，其以墨彩淋漓、色墨交融的新画风将其中国画创作推向顶峰。

朱屺瞻先生在家中写《墨兰图》，20 世纪 80 年代

有关自己 "耄年变法" 的契机，朱屺瞻提到了几个因素："时代精神的感召，加上友曹的相互影响，帮助我来个突破，施色浓厚鲜明，在我几乎是心灵上的渴求，情难遏止。马蒂斯的风格过去忽略了，到此时，才被唤回，西方音乐的启示，起了关键的作用。"[9] 他所说的 "关键作用"，是指自己的一次亲身感受，他在上海音乐学院教授张隽伟家听了芬兰作曲家西贝柳斯交响乐受到巨大震撼，顿悟艺术中 "放" 的真谛。美术史家林木曾说："朱屺瞻因执着于中西之精髓，以西方现代艺术浓重的色彩、强悍的团块结构和单纯有力的造型，融入老笔纷披浓墨重笔之中，在中国仰观俯察苍茫深沉的宇宙感中创造出一种以 '气、力、势' 和 '朴、厚、拙' 为特色的现代中国画。"[10] 朱屺瞻在 "耄年变法" 后步入其晚年的艺术高峰期，也真正奠定了他在中国美术界的地位。

朱屺瞻在朱屺瞻艺术馆梅花草堂作《竹石图》，
1995 年 5 月 24 日（上图）

朱屺瞻《竹石图》，1995 年（左图）
朱屺瞻艺术馆藏

第四个梅花草堂的"再现"

　　为了弘扬朱屺瞻的艺术成就，1994 年上
海市虹口区政府开始筹建朱屺瞻艺术馆，于
1995 年落成开馆后，曾复制了一间"梅花草
堂"。堂内设置有一张古色古香的大画桌，桌
上陈列着朱屺瞻常用的笔砚等物，西壁墙上
悬挂着齐白石写的"梅花草堂"篆书匾额。

　　朱屺瞻曾在这间"梅花草堂"创作过一
幅《竹石图》，这是他生前在新落成的艺术馆

创作的唯一一幅作品，可以说是有着特殊的
象征意义。《朱屺瞻年谱》中对此记载："二十四
日，艺术馆落成后，因忙于各种应酬尚不及
仔细浏览，时日稍暇，适香港友人郑育彬来
访，遂驱车同往。参观毕，小憩于艺术馆三
楼之梅花草堂，先生所捐之白石老人手书'梅
花草堂'篆书横额高悬门楣，对之感叹。见
案头笔砚俱在，亦先生所捐赠者，其梁大同
砚随先生六十余年，而手泽尚温，抚今忆昔，
画兴郁然，乘兴作《竹石图》而归。先生至

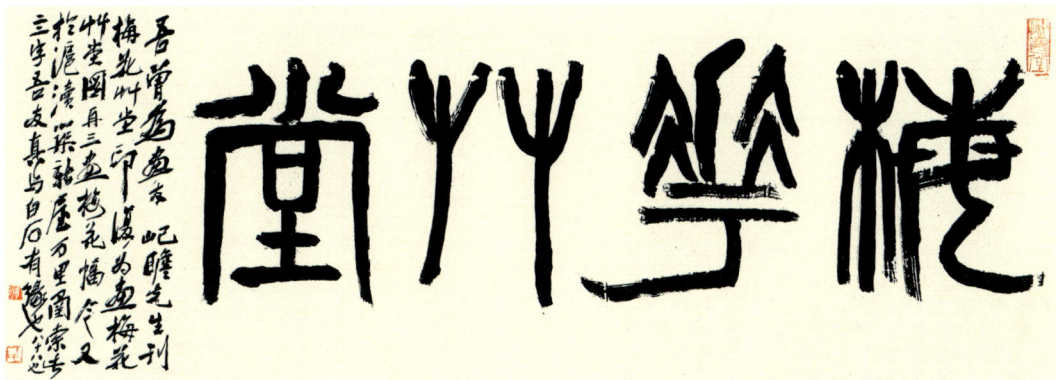

齐白石《梅花草堂》, 1946 年
朱屺瞻艺术馆藏

艺术馆新建梅花草堂作画, 此为第一次, 亦为最后一次也。"[11]

尾 声

朱屺瞻长达一个多世纪的人生旅程中, 从艺生涯长达 80 余个春秋, 个人命运与国家民族的兴衰相交织, 饱经战乱、人世沧桑, 并几度遭受艺术作品毁灭性劫难, 艺术道路独特而艰辛。四个不同时期、不同地域互相重叠的"梅花草堂"也一定程度上成为朱屺瞻艺术之路历经沧桑、不断迭变的真实写照, 亦可以从中看到时代、社会的发展变化。"梅花草堂"是一个"画室", 在更加绵长的意义上, 它交织着艺术的生产和精神的回声, 同时还伴随着近代文人群体的交游往来。从最初的画室营建到八十多年后的历史再现, 我们再次抚册观云烟之际, 仿佛回到了那段特殊的历史情境, "梅花草堂"已不复为具体的建筑, 抑或朱屺瞻的个人画室, 而成了一个中国近现代美术史的象征之物。

1 冯其庸、尹光华著:《朱屺瞻年谱》, 上海: 学林出版社, 1999 年, 第 31 页。

2 章涪陵:《梅花草堂散记——百岁老人朱屺瞻》,《朱屺瞻艺术研究文选》, 上海: 上海人民美术出版社, 2001 年, 第 248 页。

3 章涪陵、张纫慈著:《世纪丹青艺术大师朱屺瞻传》, 上海: 三联书店上海分店出版, 1990 年, 第 139 页。

4 冯其庸、尹光华著:《朱屺瞻年谱》, 上海: 学林出版社, 1999 年, 第 31 页。

5 《梅花草堂春常在》图录, 前言, 朱屺瞻艺术馆主编。

6 冯其庸、尹光华著:《朱屺瞻年谱》, 上海: 学林出版社, 1999 年, 第 53 页。

7 同上, 第 51 页。

8 孙慰祖:《梅花草堂所藏齐白石篆刻》, 上海博物馆,《梅花草堂白石印存》, 上海: 上海书店出版社。

9 朱屺瞻:《癖斯居画谭》, 上海: 上海人民美术出版社, 1981 年, 第 58 页。

10 林木:《气力势朴厚拙——20 世纪中西融合美术思潮中独树一帜的朱屺瞻艺术》,《大道存真——纪念朱屺瞻先生 120 周年诞辰研讨会论文集》, 上海: 上海大学出版社, 2013 年, 第 67 页。

11 冯其庸、尹光华著:《朱屺瞻年谱》, 上海: 学林出版社, 1999 年, 第 184 页。

展览简讯

——吴昌硕纪念馆——

吴昌硕是我国近现代书画艺术发展过渡时期的关键人物，诗、书、画、印四绝的一代宗师，晚清民国时期著名国画家、书法家、篆刻家，是我国书画界划时代人物。

2021年，由金翔、王青云所编著《老缶遗踪——吴昌硕艺术人生记录》正式出版。全书从资料收集到编著出版，历时三年，收录吴昌硕生平资料、交友考证及吴昌硕艺术作品等两千余幅图片，十余万字，参考《艺术大师吴昌硕》《两罍轩尺牍》《吴昌硕传》等书籍118本。

《老缶遗踪——吴昌硕艺术人生记录》全书分为五个章节。即江南世家、芜园岁月、游寓江左、仕心未已、饮誉申江，最后是吴昌硕年表。书中的配图包罗万象，有书法、有画作、有印章、有风景、有人物，从而让整本书收藏价值翻番。

全书把吴昌硕的一生展现得淋漓尽致。无论是早年的求师问友还是晚年的执掌西泠，把他的人生轨迹刻画得一清二楚。

一代宗师吴昌硕，离我们很远，但是也可以离我们很近，因为手头这本《老缶遗踪——吴昌硕艺术人生记录》。

——徐悲鸿纪念馆——

2020年度徐悲鸿纪念馆承担了北京市文物局"文博大调研"项目，由王红英书记主持完成了《名人类博物馆服务社区公共文化建设模式研究》课题调研，并提交结题报告。

2020年举办临时展览两次：1月举办"为人民造像——暨向人民致敬、向大师致敬"展，共展出馆藏徐悲鸿作品近40件套；9月举办"在神不在貌——从任伯年到徐悲鸿"展，讲述任伯年与徐悲鸿两位艺术大师的一场跨越时空的"交集"与"对话"。

作为"8+"名人故居纪念馆联盟的成员单位之一，5月在徐悲鸿纪念馆网站推出"平等·多元·包容——文化名人的艺术世界"线上展览；9月，参加2020中国国际服务贸易交易会"8+"名人故居纪念馆联盟展示。

徐骥主任参与编著的《徐悲鸿全集》，获得2017年度国家出版基金项目资助，并入选"十三五"国家重点图书出版规划。作为国内外第一部徐悲鸿艺术的全集，填补了出版史上的空白。

——傅抱石纪念馆——

傅抱石纪念馆坐落在南京市鼓楼区汉口西路，这是一条闹中取静的小街，街道不宽，街对面是南京师范大学长长的围墙，文化的气息便自然而然地在街上穿来穿去。这是一栋两层小楼，这里曾经是傅抱石的家，尽管他在这栋房子里只生活了不到两年，却是他生命最后的时光。这里有他曾经的悲喜，也保存着他的亲人对人世无常的喟叹。这是一栋藏着故事的房子——早逝的傅抱石昨天的故事。

1985年傅抱石逝世20周年时，他的故居被辟为傅抱石纪念馆。今年3月，在经过三年修缮之后，纪念馆重新开放，作为文化和旅游部2020年全国美术馆青年策展人扶持计划入选项目，"往事如昨——傅抱石先生故居史料展"在这里与观众见面。这个展览，是于作品之外为观众了解傅抱石提供的一个新角度，毕竟家是最温暖的地方，以家作背景，一切展品都活色生香起来。

——沙孟海书学院——

2020年是沙孟海先生诞辰120周年，为传承并弘扬沙孟海先生的学术精神和艺术品格，由中国文学艺术界联合会、民盟中央、浙江省人民政府、中国书法家协会联合主办的"碧血丹心——纪念沙孟海诞辰120周年书法篆刻艺术大展暨学术文献展"于2020年11月28日上午在中国美术馆开幕。

展览全面展示了沙孟海在学术、艺术、教育和社会贡献等方面的成就，宣传了沙孟海深邃的艺术思想和崇高的艺术精神。展览通过大量珍贵文献与艺术精品，完整考察了其思想内涵和彼此的关联，定位了其学术价值和意义，呈现了自我国高等书法教育学科体系构筑以来半个多世纪的历史变迁。展览分"翰墨千秋""金石永寿""积健为雄""百年树人"四个板块，呈现在中国美术馆1、3、7、8、9号厅，展出了沙孟海先生各个时期最具代表性之书法、篆刻作品以及文献、遗物300余件（组），其中不乏首次面世的珍贵手稿，全方位地展示了沙孟海先生作为文人学者的崇高理想、作为艺术家的卓越成就和作为教育家的时代担当。

吴茀之纪念馆

2020 年是吴茀之、张书旂 120 周年诞辰，为纪念这两位在现代花鸟画上做出卓越贡献的艺术家，特在浙江美术馆和浦江县吴茀之纪念馆先后举办"仙华双甲——吴茀之张书旂诞辰 120 周年特展"。展览荣获文化和旅游部"2020 年全国美术馆馆藏精品展出季活动优秀项目"。浙江省浦江县人杰地灵，风景秀丽，文风鼎盛。浦江历史文化源远流长，自古画家辈出，有"文化之邦""书画之乡"之称。近现代以来，吴茀之、张书旂是最突出的两位，两人有诸多共同点，既是同年，又是同乡，早年又一起从事艺术活动，都是现代著名花鸟画家，一生都从事美术教育，桃李满园，都取得了非凡的成就。但他们又有不同，同为花鸟画家，在艺术追求上却形成各自不同鲜明的个人风格。题材上，前者花卉为多，后者重于禽鸟；画法上，前者注重写意，后者更求写实；前者强调意境格调，后者追求风格效果，两人都擅胜场，俱臻佳妙，代表着中国花鸟画不同的审美取向，都取得极高的成就，影响深远。

经学术梳理和策划，展览分为"仙华双甲""纵横求索""各擅胜场"三大版块，分别展示两位画家的出生背景、艺术历程和两人不同风格的作品，共展出吴茀之、张书旂绘画作品和文献资料 60 余件。

郭味蕖美术馆

2020 年 12 月 27 日至 2021 年 2 月 28 日，由郭味蕖美术馆承办的"怡园同芳——郭怡孮师生作品系列展"，作为第十届中国画节的重要展项，先后在潍坊鲁台会展中心和郭味蕖美术馆隆重举行，展出郭怡孮与其在中央美院、中国艺术研究院培养的 11 位花鸟画博士的 65 幅精品，杨晓阳、卢禹舜等美术界领导参观了画展。

展品中包括郭怡孮先生专门为抗疫创作的巨幅朱竹《春雷声声》，应中央党史馆之邀为建党一百周年创作的鸿篇巨制《河山锦绣》以及同学们的毕业创作。这些作品风格各异，不仅有深入生活以笔墨再现大自然生生不息的现实题材，还有技法重组和在形式语言的层面探索路子的类型，更有秉承"笔墨当随时代"精神，在花鸟画的当代性做深入思考的样式，为人们呈现出一个异彩纷呈、花团锦簇的花鸟画世界。

陆维钊书画院

"书学之路——中国高等书法教育论坛暨高等书法教学成果展"于 2019 年 12 月 5 日至 2020 年 1 月 15 日在陆维钊书画院举行。本届论坛和成果展由中国高等教育学会、中国美院与平湖市人民政府共同举办，中国美术学院中国画与书法艺术学院、平湖市陆维钊书画院联合承办，共收到全国百余所高校书法专业学生作品近千件，通过专家严格评审，遴选出优秀作品 235 件，集中展现了当下中国高等书法教育的

整体风貌和最新教学成果，也为我们进一步思考高等书法教育的当下与未来提供了契机。

"书学之路——中国高等书法教育论坛暨高等书法教育成果展"自 2015 年举办以来，已经是第三届。旨在继承和弘扬陆维钊等老一辈高等书法教育先驱的教学理念和教育精神，为高校书法教育搭建相互沟通、交流、借鉴、共生的学术交流平台，助力中国高等书法教育的全面发展。

陆俨少艺术院

2020 年 10 月 31 日，由陆俨少艺术院、宋文治艺术馆、周昌谷艺术馆联合举办的"时代经典——陆俨少、宋文治、周昌谷艺术作品展"在陆俨少艺术院拉开帷幕。作为上海市文化发展基金会资助项目，展览展出陆俨少、宋文治、周昌谷三人各个时期的经典力作 70 件，辅以他们之间相识交往的文献资料展示，在深入系统地了解三位国画大师艺术成就的同时，进一步了解他们背后的丹青之谊。

本次展览由陆俨少艺术院、宋文治艺术馆、周昌谷艺术馆各提供陆俨少、宋文治、周昌谷作品，形成"陆宋周三人联展"的真迹原作展览部分。展览由陆俨少艺术院、宋文治艺术馆和周昌谷艺术馆共同主办，以加强美术馆、名家馆之间的学术交流与展览合作，也是嘉定、太仓、乐清三地联办，以共同推进长三角、江浙沪文化艺术项目的交流与合作，三地联动，互通有无，优势互补，促进区域文化艺术事业的共同发展。

2020 年 7 月 8 日 "四分读书·三分写字·三分画画——陆俨少'十分功夫'诗书画文献研究展"在陆俨少艺术院二楼真迹展示厅正式开展。陆俨少作为 20 世纪成就突出的传统型画家之一，其深厚的传统文人的修养，寓诗、书、画于一炉，艺术成就斐然。为了提高古典修养，陆俨少 22 岁时便总结出了著名的"十分功夫"理论——四分读书、三分写字、三分画画。这一理论为陆俨少先生自己的绘画生涯确立了长远目标，更为后辈画人提升艺术造诣指出了正确的方向。以往展览大多文献服务书画，本次展览换个角度，书画服务于文献。深入研究挖掘文献背后的艺术价值，更好地发挥文献类馆藏品的展览陈列、宣传推广效果，这是本展的亮点。

── 沈耀初美术馆 ──

2020 年 1 月 3 日至 1 月 7 日，"天泽之履——大可艺术巡回展"在沈耀初美术馆举办，展出了张大可的传统书法、大可奇书、大可奇壶、大可奇盏、寿山石书刻、陶瓷书刻、玉石书刻、陶瓷书画、中国印、中国画等十个艺术门类约 199 件作品。

2020 年 6 月 30 日至 6 月 6 日，"'艺'起抗'疫'书画展"在沈耀初美术馆举办，展览汇集了全县老、中、青美术工作者精心创作的 80 多幅中国画作品，作品形式多样、题材广泛、主题鲜明，既汲取中国传统文化，又呼应时代主题，洋溢着浓郁的生活气息，充分体现我县美术工作者积极进取的精神风貌和热爱祖国热爱家乡的情怀。

── 赖少其艺术馆 ──

2021 年，合肥市赖少其艺术馆策划的"庆祝中国共产党成立 100 周年——木石精神·党的文艺战士赖少其革命文化事业文献作品展"，作为全国 30 家美术馆展览之一，入选文旅部"2021 年全国美术馆馆藏精品展出季"项目，同时入选"长三角城市经济协调会 2021 年度工作计划重点合作事项"，并于 5 月至 11 月长期展出。

展览分为"战争年代"和"新中国后"两个专题，展出图文展板 60 余块，文献史料 208 件（套），历史照片 114 张，各类作品 223 件（其中作品图片 172 件），回顾了党的文艺战士赖少其从抗日战争、解放战争到新中国成立后社会主义建设近 70 年的曲折经历；体现了中国革命事业在党领导下艰苦奋斗、不断取得胜利，最后建立新中国的光辉历程，以及改革开放以来取得的伟大成就；突出赖少其在各个阶段和不同地区，坚持为党工作、艰苦斗争、领导多地文化艺术工作并创建机构的历史亮点，以及他坚持创作了大批反映艺术为人民和时代精神的版画、中国画、书法和篆刻等各类作品，并取得了杰出的艺术成就，以此献礼中国共产党百年华诞。

为贯彻文旅部文件精神，此展先后在上饶集中营革命烈士纪念馆、中华艺术宫（上海美术馆）、广州艺术博物院、赖少其艺术馆、北京荣宝斋美术馆、宁夏银川美术馆及合肥市基层的长丰、庐江二县巡展，扩大赖少其艺术和文旅部项目的对外影响。

── 程十发艺术馆 ──

2021 年是程十发先生 100 周年诞辰，为致敬程十发先生，深入推进程十发艺术研究，程十发艺术馆在百年诞辰纪念活动的策划上，并没有采用大体量、综合性的展览组织方式，而是以一个横跨两年、涵盖六个展项的系列专题展，分别聚焦程十发的书画用印、古代收藏、艺术教育、戏曲人物、地域人文与海派延伸六个选题，从而整体推进百年诞辰纪念活动的开展。

2020 年 9 月 29 日至 11 月 1 日，策划举办了"山花烂漫——程十发用印展"并出版了《山花烂漫——程十发用印集》。通过对程十发艺术人生各阶段所用印的梳理、研究，试图从文人用印与画家用印的角度，考察程十发书画创作与艺术思想演变的轨迹。本次展览是程十发用印的首次集中展示，也是首次对程十发治印、用印的一次学术梳理。展览围绕"用印"这一概念，重点呈现了程十发 20 世纪 40 年代至 90 年代自刻自用印，这批印章对研究程十发从临古习古到藏古用古以创新风的艺术转向，具有重要的价值。而 20 世纪以来治印诸家为程十发所刻的印章，则分"画学心印""书画鉴信""印坛交谊""雅斋铭意""乡眷情怀""薄意清玩""随形应物""印纽传神"八个分主题展出，在呈现程十发用印理念与其艺术创作之关联的同时，也生动地展现了他与 20 世纪海上印坛名家的人文交游与书画友谊，为研究 20 世纪海派篆刻史提供了一个鲜活而立体的视角。

2020 年 11 月 20 日至 12 月 15 日，策划举办了"重回松江——程十发藏元代山水画研究展"并出版了图文集。展览以程十发收藏的 9 件元代绘画作品为切入点，以原作和解析相辅相成的方式从一个侧面勾勒元代松江画坛"倾动三吴"之盛况。松江是元代山水画史上不可或缺的一环，对明清以来山水流派的创作格调与风格，产生了重要的影响，并继续深刻影响着当代海上山水画的创作。本次展览，取义"重回松江"，即是在"江南山水"系列研究展的大框架下，以松江为原点的重构与再出发，通过深入的画史画论研究与现实松江山水人文寻访，钩沉元代画家与松江的书画关联，还原元代画家群特别是元四家在松江的书画足迹与画史掌故，并通过对程十发藏元代山水的图式母题、风格类型、画人画事、原境寻访等形式，系统推进元代山水画家群在松江的文化生态重塑，及对程十发绘画艺术的影响，以凸显元代松江在中国绘画史、人文史与思想史上的价值与意义。

2021 年是程十发诞辰 100 周年。值此机缘，由中共松江区委宣传部主办，松江区文化和旅游局、程十发艺术馆承办，上海中国画院、上海美术学院国画系支持的"师道传承——程十发、汪大文、毛国伦、程多多作品展"于 2021 年 4 月

14 日在程十发艺术馆开展。展览从海派中国画教育与传承角度，突出程十发与时代的关联性，特别是他在 1949 年以来新历史语境下迅速成长为一代海派中国画大师与人民艺术家的艺术生涯。他的创作始终与时代变革同步伐，植根祖国大地，坚持以人民为中心，坚持以精品奉献人民，抒写人民，描绘人民，歌唱人民，为时代、为社会、为人民树碑立传，体现了一个时代的伟大精神，是传书画艺术精神品格守正创新与推陈出新的文化典范，是当代海派文化与江南文化发展史上的代表性人物。本次展览以作品与文献互证的方式向公众展示程十发中国画教育相关的作品与手稿、图片等史料文献，并以百年展览为契机，与公众一起探讨在江南文化与海派文化视野下，如何重新审视程十发那一代老艺术家们留下的中国画教育理念与精神遗产，助力当代海派艺术的新创作与新发展等话题。展览特别策划了程十发中国画教育文献展示板块，在搜集整理一批民国以来出版的画谱、画片、杂志插图、老照片以及中国画教学课程图表等文献资料的基础上，从"幼年蒙学""少年自学""美专求学""画院授徒""美校教学""家学衣钵"六个板块，向公众呈现了程十发早年励志自学成才的学艺经历，以及他在海派中国画教育教学上的贡献，从而串联起一个有关 20 世纪海派中国画教育的关系谱系。展览期间还出版了《程十发百年诞辰学术论文集》并组织了"程十发与海派中国画教育"学术研讨会。

周昌谷艺术馆

"时代经典——陆俨少、宋文治、周昌谷艺术作品展"三地联展第二站于 2020 年 12 月 25 日—2021 年 2 月 20 日在乐清市周昌谷艺术馆举行，展出三位艺术大师陆俨少、宋文治、周昌谷在各个阶段的 77 件经典力作，辅以他们之间相识交往的文献资料展示，让参观者在深入系统地了解三位国画大师艺术成就的同时，进一步了解他们背后的丹青之谊和师友之情。周昌谷艺术馆作为中国美院艺术人文学院教学实践基地，中国美术学院艺术人文学院院长杨振宇为周昌谷艺术馆授牌。浙江乐清、上海嘉定、江苏太仓是长三角三个重要节点城市，三地联办"时代经典——陆俨少、宋文治、周昌谷艺术作品展"，再现周昌谷艺术馆、陆俨少艺术院、宋文治艺术馆三家馆藏经典，既加强名家馆之间的学术交流与展览合作，又将促进长三角、江浙沪文化艺术项目的交流与合作。此次展览是在三馆举办陆俨少、宋文治、周昌谷诞辰 110、100、90 周年系列活动后的又一次多元、多地、综合叠加的系列活动，是单个大型纪念活动后的总结和集中展示。为了使更多的人认识了解 20 世纪的中国画，了解三位大师的艺术，除了在乐清周昌谷艺术馆开展真迹，此次还在乐清博物馆举行高仿品播普展，展出 99 件高仿品，与周昌谷艺术馆的真迹原作展同步开放，举行了两场公共教育活动。此外，还推出"昌谷艺术讲堂"：陆俨少山水画艺术专题讲座、周昌谷指头画艺术等系列讲座。近年来，周昌谷艺术馆"红色星期天——周末课堂"

文化品牌项目颇受社会好评。

周昌谷艺术馆成立于 2012 年 10 月 15 日，免费开放，设周昌谷艺术常设厅和临展交流厅。次年加入中国书画名家馆联会。

君匋艺术院

2019 年至 2020 年，君匋艺术院进行展陈改造项目，完成了钱君匋艺术人生展、君匋艺术院藏品展两个展厅的全面改造升级。钱君匋艺术人生展的布展逻辑突破传统纪年方式叙述人物生平，从钱君匋的艺术成就出发，以跨越时代的图文、影像资料全面呈现了钱君匋先生在篆刻、出版、装帧、书画、诗乐等方面的杰出艺术成就，立体绘就了钱君匋先生艺兼众美的传奇人生；新增设的藏品展厅常年定期有选择地展出君匋艺术院院藏珍贵文物，集中展示难得一见的晚清三家赵之谦、吴昌硕、黄牧甫印章原石以及馆藏书画精品。

2020 年 9 月 8 日，君匋艺术院展陈改造竣工之际举办了"清泉一泓——蔡泓杰篆刻展"。蔡泓杰现为中国书法家协会会员，浙江省书协篆刻创作委员会委员，就职于君匋艺术院。他自中学时代开始学习篆刻，虚心好学、勤奋耕耘。尤其是在袁道厚、孙慰祖两位老师的教导下，深入传统、扎实推进。他的篆刻以汉印为宗，兼及明清流派，平中寓奇，巧拙相生，倾心于吴让之、赵之谦、赵叔孺、王福庵诸家，章法严谨、线条灵动，逐渐形成了清淳古雅的气息，在工稳一路篆刻家中呈现出了自己的特色。此次展览共展出其篆刻、书法作品 60 余件。展品包括篆刻原石、原拓，同时还有原石、原拓高清放大图片，将作品的细节作了更好的展示，给观众带来了新的视觉体验。

2020 年 11 月 18 日，君匋艺术院主办的"桐荫幼鹤——周栗画展"开幕。展览引进了从钱君匋祖籍地桐乡屠甸走出去的青年旅京工笔人物画家周栗的展览。2005 年，周栗负箧北上，寓居北京，得著名学者、艺术评论家许宏泉等众师友的佑护和提携，加之自己的潜心研究，在全国书画界乃至收藏界均有一定的知名度。

周栗学画以来，钟情仕女，近 30 年间，遍临古代摹本。所谓"画如其人"，他读书、填词、拍曲、作画，以一个江南读书人的悠悠心态，去解读旧时文人的笔情墨韵和精神状态。其画作发乎文心、溢于性情，观其笔下的女子，略有风情、绝无烟火。此次画展共展出其作品 47 件。

图书在版编目（CIP）数据

名家：沙孟海·李可染·黄宾虹 / 卢炘, 杨振宇主编. -- 上海：上海书画出版社, 2021.10

ISBN 978-7-5479-2721-2

Ⅰ. ①名… Ⅱ. ①卢… ②杨… Ⅲ. ①沙孟海（1900-1992）- 人物研究②李可染（1907-1989）- 人物研究③黄宾虹（1864-1955）- 人物研究 Ⅳ. ①K825.72

中国版本图书馆CIP数据核字（2021）第183933号

名家：沙孟海·李可染·黄宾虹

卢　炘　杨振宇　主编

责任编辑	张怡忱　黄坤峰
审　读	雍　琦
整体设计	瀚青文化
封面设计	石　几
技术编辑	包赛明

出版发行　上海世纪出版集团
上海书画出版社

地　址　上海市延安西路593号　200050
网　址　www.ewen.co
　　　　www.shshuhua.com
E-mail　shcpph@163.com
制　版　杭州立飞图文制作有限公司
印　刷　浙江海虹彩色印务有限公司
经　销　各地新华书店
开　本　889×1194　1/16
印　张　12.5
版　次　2021年10月第1版　2021年10月第1次印刷

书　号　ISBN 978-7-5479-2721-2
定　价　158.00元
若有印刷、装订质量问题，请与承印厂联系